열공!

광동어 회화 첫걸음

MP3 무료다운
www.donginrang.co.kr

Digis

저자 조은정
5판 1쇄 2023년 3월 5일 발행인 김인숙 발행처 디지스
Editorial Director 김인숙 Designer 김미선
Printing 삼덕정판사

139-240
서울시 노원구 공릉동 653-5

대표전화 02-963-2456
팩시밀리 02-967-1555
출판등록 제 6-694호
ISBN 978-89-91064-38-6

본 교재의 광동어 발음 표기법은 저자의 논문 [한국인을 위한 광동어 발음 표기방안]의 표기법을 사용하였습니다.
본 광동어 발음 표기법은 한국과 광동어 사용지역의 원활한 교류를 위하여 머리말 또는 판권에 **'조은정의 광동어 발음 표기방안을 사용하였음'**을 명시 하였을 경우에 한하여 저자의 별도 허락을 받지 않고 자유롭게 사용할 수 있습니다.
그러나, 출판물, 논문, 연구자료 등에 **'조은정의 광동어 발음 표기방안을 사용하였음'**을 명시하지 않고 이용할 경우 저자 연구물의 무단도용임을 밝히는 바입니다.

열공

홍콩·마카오 광동성에서 사용하는

광동어 회화 첫걸음

가~이제부터 열공!

Digis

머리말

회화를 중심으로 광동어를 배우자!

이 책은, 실생활에서 바로 사용할 수 있는 회화를 중심으로 누구나 배울 수 있도록 알기 쉽게 구성하였다. 기존 회화 책들의 사용빈도가 낮은 긴 대화에서 탈피하여, **일상생활에서 자주 사용되는 대화 A와 B로만 구성**하였다.
또, **각 대화마다** 설명을 덧붙여 독자들이 **회화의 뜻과 용도를 쉽게 이해하고 응용할 수 있도록 하였다.**
사용빈도가 높은 단어나 표현들은 표준중국어와 비교 설명하여, 표준중국어를 학습한 학습자들이 쉽게 이해할 수 있도록 하였다.

이 책은 모두 13과로 **인사와 안부표현, 국적, 가족, 날짜, 시간, 물건 사기, 길 묻기, 음식 주문** 등등, 홍콩 현지에서 바로 사용할 수 있는 일상회화표현을 위주로 구성하였다.

이 책의 고유명사 표기는 다음과 같다.

1 **성씨의 경우**는 광동어 발음을 한글로 표기하였고, **인명의 경우**는 광동어 발음과 한국 한자음을 함께 표기하였다. 예를 들면 다음과 같다.

- 金 → 깜
  張國榮 → 쩽꿕웽 장국영
- 李 → 레이
  周潤發 → 짜우은팟 주윤발

2 **홍콩지명의 경우**는 광동어 발음의 한글 표기와, **홍콩요술램프**(홍콩관광진흥청 한국지사 발행)에 기재된 표기를 함께 적어놓았다. 또한 **제 11 과**의 **주요 홍콩 지명**에서는 영문 표기를 병기하여 길 찾는데 어려움이 없도록 하였다.

- 上環 → 쎙완 성완, Sheung Wan
- 銅鑼灣 → 퉁로완 코즈웨이베이, Causeway Bay

참~ 알기 쉽죠~~

이 책의 구성과 활용

광동어의 기초

카툰을 통해 쉽고 재미있게 광동어에 친숙해진다.

광동어의 성조와 발음

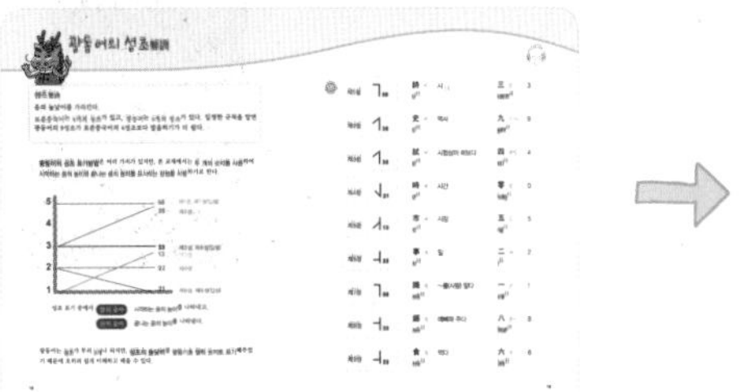

성조와 발음을 통해 **광동어의 기초**를 다진다.

단어 각각의 다섯 가지 대화 뒤에, 이에 해당하는 단어들을 모두 제시해 놓았다. 새로운 단어들을 좀 더 쉽고 효과적으로 찾을 수 있을 것이다.

회화

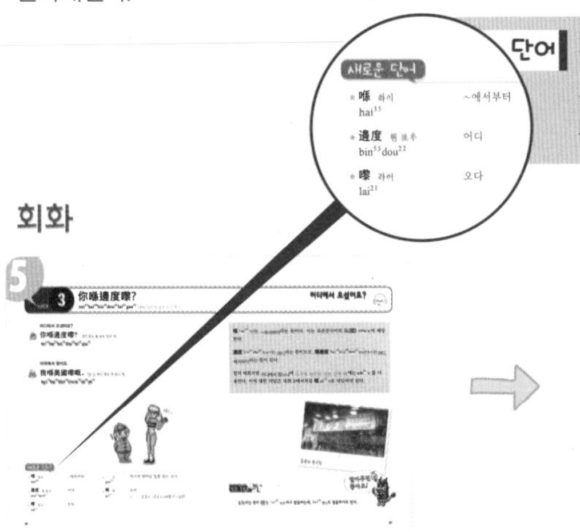

각 과는 모두 다섯 가지 상황의 대화 Unit 1~5로 구성되어 있다. **필수 광동어 회화**를 익히는 데 많은 도움이 될 것이다.

회화에 필요한 알짜 문법

간결한 설명과 함께 문장을 하나하나 분석하여 **문장 구조를 쉽게 이해**할 수 있도록 하였다.

단어 바꿔 말하기

기본 회화 패턴에 **단어를 교체**하는 연습을 통하여, 자연스럽게 **회화 문장을 반복**하며 익힐 수 있도록 하였다.

알고 싶은 홍콩

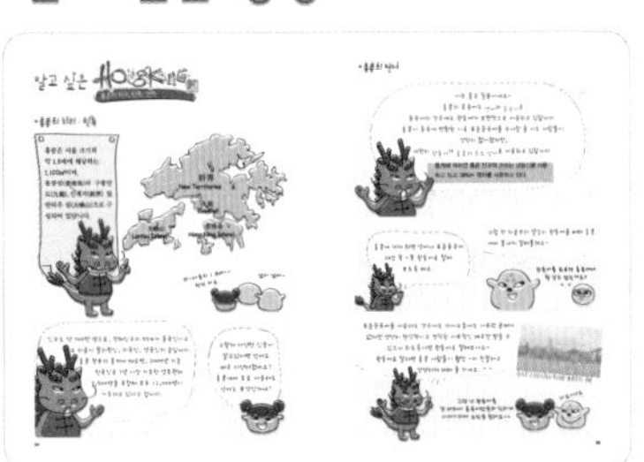

홍콩 문화에 관한 여러 가지 내용들을 소개하고 있다. **홍콩에 대한 이해**를 한층 높여줄 것이다.

CONTENTS

Part 2

열공!

합본부록 광동어 발음의 모든것

Good!

광동어의 발음

광동어의 기초

1 광동어란?

광동어는 중국 7대 방언(方言)중의 하나로 영어로는 'Cantonese'라고 하죠.

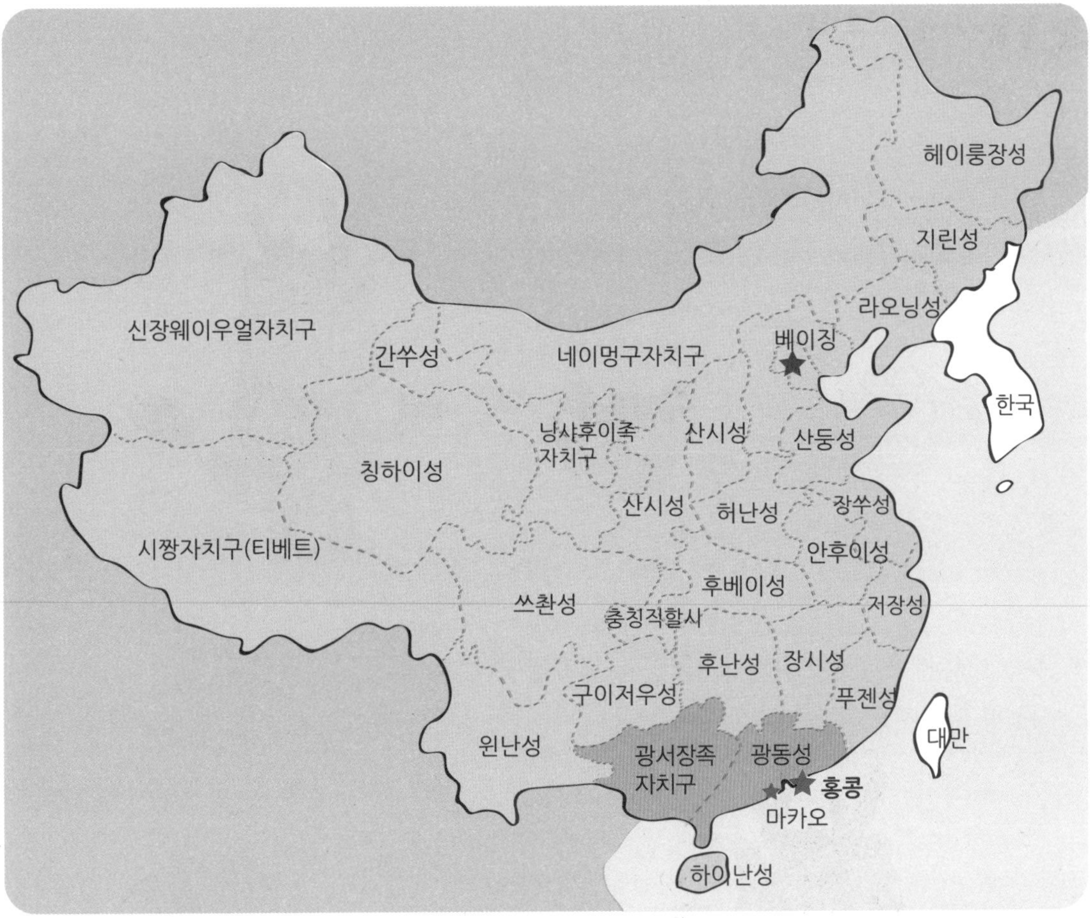

광동어는 표준중국어와는 달리 **9개의 성조**를 지니고 있고, 입성(ㄱ, ㅅ, ㅂ 받침)을 그대로 간직하고 있어요.

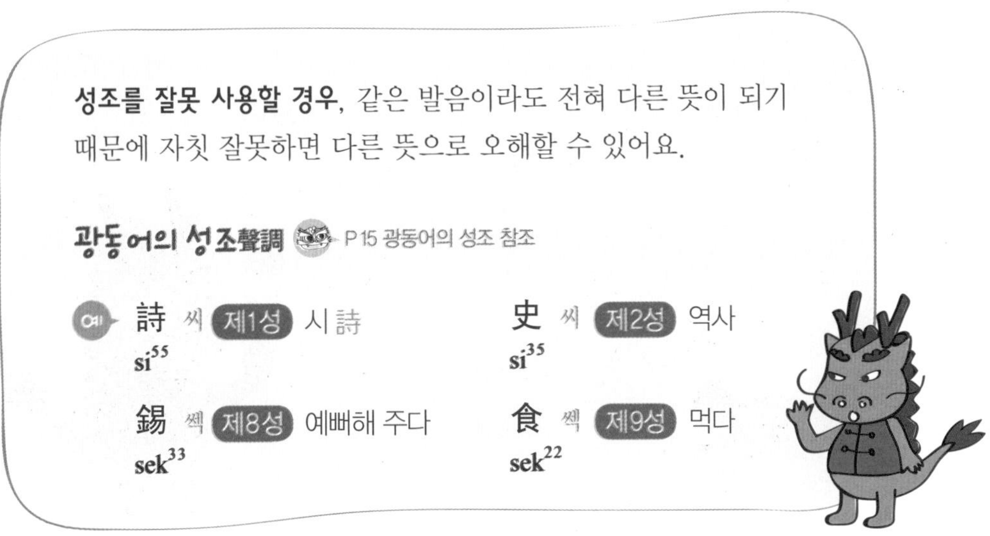

성조를 잘못 사용할 경우, 같은 발음이라도 전혀 다른 뜻이 되기 때문에 자칫 잘못하면 다른 뜻으로 오해할 수 있어요.

광동어의 성조聲調 P 15 광동어의 성조 참조

예 詩 씨 제1성 시 詩 si^{55}

史 씨 제2성 역사 si^{35}

錫 쎅 제8성 예뻐해 주다 sek^{33}

食 쎅 제9성 먹다 sek^{22}

2 광동어 표기 문자

중국 대륙에서는 필획이 간략화 된 간체자(簡體字)를 사용하고 있지요.

좋은 질문이에요. 홍콩이나 마카오에서는 한국에서 사용하고 있는 정자(正字), 즉 번체자(繁體字)를 사용하고 있어요.

3 광동어 발음 표기법

예를 들어 아우(au)를 **eo**로, 왜(œ)를 **eu**로 표기하고 있어서 아우가 아닌 에오, 왜가 아닌 에우로 잘못 읽을 수 있어요.

그래서 본 교재에서는 한국인이 좀 더 원음에 가깝게 읽어낼 수 있도록 새로운 발음체계를 고안해 보았어요. 자세한 내용은 **광동어의 발음**과 별책부록 **광동어 발음의 모든 것**을 참고하도록 하세요.

Part 0

광동어의 성조
광동어의 발음

광동어 재미있게
배워봐요~

광동어의 성조聲調

성조聲調 음의 높낮이를 가리킨다.

표준중국어는 4개의 성조가 있고, 광동어는 9개의 성조가 있다. 일정한 규칙을 알면 광동어의 9성조가 표준중국어의 4성조보다 발음하기가 더 쉽다.

광동어의 성조 표기방법은 여러 가지가 있지만, 본 교재에서는 **성조의 높낮이**를 발음기호 옆에 두 개의 숫자로 표기하여 시작하는 음의 높이와 끝나는 음의 높이를 표시하는 방법을 사용하였다.

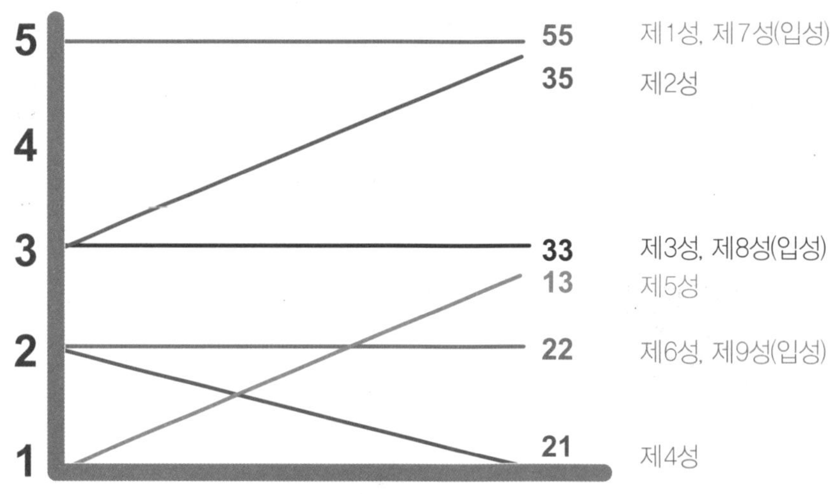

성조 표기 중에서 **앞의 숫자** 는 시작하는 음의 높이를 나타내고,
뒤의 숫자 는 끝나는 음의 높이를 나타낸다.

» 성조의 높낮이를 발음기호 옆에 두 개의 숫자로 표기
입성(入聲)이란 ㄱ, ㅂ, ㅅ 받침 (-k, -p, -t) 로 끝나는 발음을 가리킨다.

성조	성조값	예	발음	뜻	예	발음	뜻
제1성	55	詩 씨	si^{55}	시 詩	三 쌈~	saam^{55}	3
제2성	35	史 씨	si^{35}	역사	九 까우	gau^{35}	9
제3성	33	試 씨	si^{33}	시험삼아 해보다	四 쎄이	sei^{33}	4
제4성	21	時 씨	si^{21}	시간	零 렝	leng^{21}	0
제5성	13	市 씨	si^{13}	시장	五 응	ng^{13}	5
제6성	22	事 씨	si^{22}	일	二 이	i^{22}	2
제7성 (입성)	55	識 쎅	sek^{55}	~를(사람) 알다	一 얏	yat^{55}	1
제8성 (입성)	33	錫 쎅	sek^{33}	예뻐해 주다	八 빳~	baat^{33}	8
제9성 (입성)	22	食 쎅	sek^{22}	먹다	六 록	lok^{22}	6

광동어의 발음

광동어의 발음

성모 + 운모 + 성조로 구성되어 있는데, 앞에서 설명한 성조도 이에 포함된다. 광동어와 한국어를 비교해서 생각해 보면, **성모는 한글의 초성에 해당**하고 **운모는 중성과 종성**에 해당한다.

광동어의 발음	성모	+	운모	+	성조
	한글의 초성		한글의 중성과 종성		

1 성모聲母 –19개

음절의 첫 부분에 오는 **자음** [음절의 첫소리, 초성]을 가리킨다.

쌍순음	b	p	m	
순치음	f			
설첨음	d	t	n	l
설엽음	j	ch	s	
설근음	g	k	ng	
후음	h			
원순설근음	gw	kw		
반모음	y	w		

① 쌍순음 雙脣音

윗입술과 아랫입술을 붙였다 떼면서 내는 소리이다. 표준중국어의 쌍순음(雙脣音)과 발음방법이 유사하다.

b (ㅃ)

우리말의 [ㅃ]에 해당한다.

邊 bin55	삔	어느	八 baat33	빳~	8

p (ㅍ)

우리말의 [ㅍ]에 해당한다.

平 pɛng21	펭	(값이) 싸다	朴 pɔk33	폭	성(姓)씨 중의 하나

m (ㅁ)

우리말의 [ㅁ]에 해당한다.

冇 mou13	모우	없다	名 mɛng35	멩	이름

② 순치음 脣齒音

윗니를 아랫입술에 닿을 듯 말듯 가까이 대고, 그 틈 사이로 **공기를 마찰시켜 발음**한다. 표준중국어의 순치음(脣齒音)과 발음방법이 유사하다.

영어의 [f] 발음에 해당한다.

發 faat33	팟~	크게 왕성해지다	分 fan55	판	(시간의) 분

③ 설첨음 舌尖音

혀끝을 위쪽 앞 잇몸에 붙였다 떼면서 내는 소리이다. 표준중국어의 설첨음(舌尖音)과 발음방법이 유사하다.

우리말의 [ㄸ]에 해당한다.

多 또 많다
$dɔ^{55}$

點 띰 어떠하다
dim^{35}

t
ㅌ

우리말의 [ㅌ]에 해당한다.

聽 텡 듣다
$teng^{55}$

唞 타우 쉬다
tau^{35}

n
ㄴ

우리말의 [ㄴ]에 해당한다.

你 네이 너, 당신
nei^{13}

呢 니 이, 이것
ni^{55}

l
ㄹ

우리말 [ㄹ] 받침 뒤에 이어지는 초성 [ㄹ]에 해당한다. **빨래**에서 **래**의 ㄹ에 해당한다.

李 레이 성(姓)씨 중의 하나
lei^{13}

老 로우 늙다
lou^{13}

★ 광동어의 **l** 발음은, [ㄹ] 발음을 우리말보다 더 강하게 하는 것이라고 보면 된다. 굳이 한글로 쓰자면 [ㄹ레이], [ㄹ로우] 정도 되겠다.

④ 설엽음 舌葉音

혀의 가장자리를 **윗잇몸에 붙였다 떼면서 내는 소리**이다.

우리말의 [ㅉ]에 해당한다.

謝 쩨 감사하다
$jɛ^{22}$

早 쪼우 이르다
jou^{35}

ch ㅊ

우리말의 [ㅊ] 에 해당한다.

次 치 번, 차례 chi^{33}

七 찻 7 chat^{55}

s ㅆ

우리말의 [ㅆ] 에 해당한다.

晨 싼 새벽, 아침 san^{21}

姓 쎙 성(姓)이 ~이다 seng^{33}

⑤ 설근음 舌根音

혀뿌리를 **입천장에 붙였다 떼거나 가까이 근접시켜** 내는 소리이다.

g ㄲ

우리말의 [ㄲ] 에 해당한다.

幾 께이 꽤, 제법, 몇 gei^{35}

叫 끼우 ~라고 부르다 giu^{33}

k ㅋ

우리말의 [ㅋ] 에 해당한다.

佢 코위 그, 그 사람 köü^{13}

期 케이 시기, 기간 kei^{21}

ng

콧소리 [응] 을 내는 느낌으로 두 음절이 아닌 한 음절로 발음한다.

我 (응)오 나 ngɔ^{13}

銀 (응)안 은, 은색 ngan^{21}

발음Tip

» ng은 우리말에 없는 발음이므로, 발음에 유의하자!

⑥ 후음 喉音

성대를 긴장시킨 다음 **성대의 좁은 틈을 통해 공기를 내보내면서 발음**한다.

h ㅎ

우리말의 [ㅎ] 에 해당한다.

好 hou^{35}	호우	매우. 좋다	係 hai^{22}	하이	~이다

★ 표준중국어의 h 는 설근음이지만, 광동어의 h 는 후음이다.

⑦ 원순설근음 圓脣舌根音

설근음에 반모음 w 가 결합된 형태이다. 모음과 결합하여 이중모음을 만든다.

gw

우리말의 [꿩] 처럼 이중모음 형태로 발음한다.

貴 gwai^{33}	꽈이	귀하다	國 gwɔk^{33}	꿕	나라

우리말 [쾌유] 에서 [쾌] 를 발음할 때처럼 이중모음 형태로 발음한다.

裙 kwan^{21}	콴	치마	坤 kwan^{55}	콴	땅. 곤괘(팔괘 중 하나)

⑧ 반모음 半母音

모음과 결합하여 이중모음을 만든다.

우리말 반모음 [ㅣ], 영어 yes 의 [y]가 이에 해당한다.

日 얏 날, 일
yat[22]

嘢 예 일, 업무
yɛ[13]

w
ㅗ/ㅜ

우리말 반모음 [ㅗ/ㅜ], 영어 want 의 [w]가 이에 해당한다.

位 와이 ~분 (사람을 높여서 이르는 말)
wai[35]

王 웡 성(姓)씨 중의 하나
wɔng[21]

이분은 100년동안
이슬만 드시고 사신 웡 선생님입니다.

2 운모韻母 – 53개

음절에서 **성모**[초성]를 제외한 나머지 부분을 가리킨다. 광동어의 **운모**는 **모두 53개**이다. 운모는 다음의 3가지를 기억하면 발음하기 쉽다.

광동어의 운모 ① 혀끝의 위치 ② 입술의 모양 ③ 입의 크기

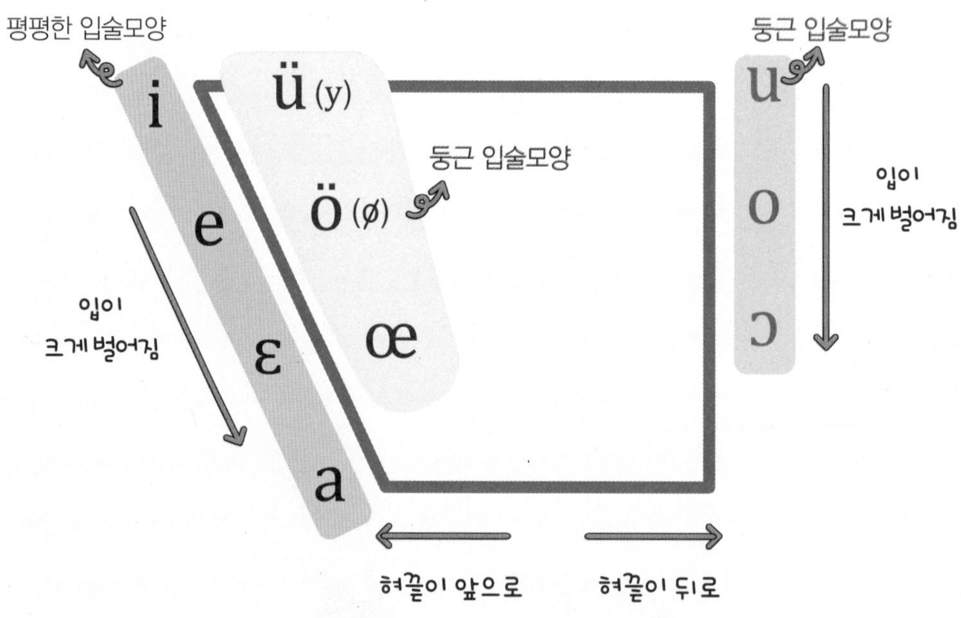

그림을 참고하면서 **혀의 위치**와 **입술 모양**, **입의 크기**를 생각하며 발음한다면, 광동어의 운모가 그다지 어렵게 느껴지지 않을 것이다.

다음 표를 보면서 발음을 따라해 보자.

운모표

		-i	-u	-m	-n	-ng	-p	-t	-k
a 계열		ai	au	am	an	ang	ap	at	ak
aa 계열	aa	aai	aau	aam	aan	aang	aap	aat	aak
e 계열		ei				eng			ek
ɛ 계열	ɛ					ɛng			ɛk
i 계열	i		iu	im	in		ip	it	
o 계열			ou			ong			ok
ɔ 계열	ɔ	ɔi			ɔn	ɔng		ɔt	ɔk
u 계열	u	ui			un			ut	
ü 계열	ü				ün			üt	
ö 계열			öü		ön			öt	
œ 계열	œ					œng			œk
m, ng	m	ng							

a 계열

입을 크게 벌리고 우리말의 아처럼 발음한다.

운모	한자	발음	뜻
ai 아이	使 싸이	sai^{35}	~할 필요가 있다
au 아우	酒 짜우	jau^{35}	술
am 암	金 깜	gam^{55}	성(姓)씨 중의 하나
an 안	婚 판	fan^{55}	혼인
ang 앙	朋 팡	$pang^{21}$	친구
ap 압	十 쌉	sap^{22}	10
at 앗	乜 맛	mat^{55}	무엇
ak 악	得 딱	dak^{55}	좋다, 괜찮다

» aa계열과 비교했을 때 상대적으로 짧게 들리지만, 표준중국어의 경성처럼 짧게 발음하지는 않는다. 편하게 아하고 발음하면 된다.

aa 계열

아를 길게 발음한다. 아~~하는 느낌으로 a계열의 운모보다 길게 발음한다.

운모	한자	발음	뜻
aa 아~	下 하~	haa^{22}	아래, 나중
aai 아~이	太 타~이	$taai^{33}$	아주, 너무

aau 아~우

餃 까~우 만두
gaau^{35}

aam 암~

男 남~ 남자
naam^{21}

aan 안~

萬 만~ 10,000
maan^{22}

aang 앙~

生 쌍~ 살아있다
saang^{55}

aap 압~

搭 땁~ (교통수단에) 타다
daap^{33}

aat 앗~

發 팟~ 크게 왕성해지다
faat^{33}

aak 악~

百 빡~ 100
baak^{33}

발음Tip
» a계열의 운모보다 길게 발음한다.

e 계열

우리말의 에처럼 발음한다. ɛ계열의 운모보다 입이 작게 벌어진다.

ei 에이

氣 헤이
hei^{33}
기운

eng 엥

姓 쩽
seng^{33}
성(姓)이 ~ 이다

ek 엑

的 떽
dek^{55}
택시(的士)

ɛ 계열

영어 air에서 a [ɛ]에 해당하는 발음이다. e계열의 운모보다 발음할 때 입이 더 크게 벌어진다.

운모	예
ɛ 에	嘅 께 $g\varepsilon^{33}$ ~의
ɛng 엥	靚 렝 $l\varepsilon ng^{33}$ 예쁘다
ɛk 엑	石 쎅 $s\varepsilon k^{22}$ 돌

i 계열

입술을 길고 평평하게 펴서 우리말의 이처럼 발음한다.

운모	예
i 이	子 찌 ji^{35} 접미사로 많이 쓰임
iu 이우	小 씨우 siu^{35} 작다
im 임	店 띰 dim^{33} 상점
in 인	見 낀 gin^{33} 만나다
ip 입	葉 입 ip^{22} 성(姓)씨 중의 하나
it 잇	結 낏 git^{33} 맺다

발음Tip

» iu이우의 발음은 표준중국어의 iu이어우와 다르다.
표준중국어처럼 이어우로 발음하지 않도록 하자.

o 계열

우리말의 오처럼 발음한다. ɔ계열의 운모보다 입이 작게 벌어진다.

운모	예
ou 오우	高 꼬우 gou^{55} 높다
ong 옹	同 통 $tong^{21}$ ~와
ok 옥	屋 옥 ok^{55} 집

ɔ 계열

영어 sauce에서 au [ɔ]에 해당하는 발음이다.
오를 입을 크게 벌려서 발음한다.

운모	한자	발음	뜻
ɔ 오	嗰 꼬	gɔ³⁵	저, 저것
ɔi 오이	該 꼬이	gɔi⁵⁵	마땅히 ~해야 한다
ɔn 온	韓 혼	hɔn²¹	성(姓)씨 중의 하나
ɔng 옹	港 꽁	gɔng³⁵	항구
ɔt 옷	割 꼿	gɔt³³	베다
ɔk 옥	學 혹	hɔk²²	배우다

발음Tip

» o계열의 운모보다 입을 더 크고 둥글게 벌려서 발음한다.

u 계열

입술을 둥글게 앞으로 내밀고 우리말의 우처럼 발음한다.

운모	한자	발음	뜻
u 우	褲 푸	fu³³	바지
ui 우이	梅 무이	mui²¹	성(姓)씨 중의 하나
un 운	本 뿐	bun³⁵	권 (책을 세는 단위)
ut 웃	活 웃	ut²²	활기차다

발음Tip

» ui 우이와 un 운은 표준중국어의 ui 우에이, un 우언과 다르다.
표준중국어처럼 발음하지 않도록 하자.

ü 계열

입술을 둥글게 앞으로 내밀고 우리말의 위처럼 발음한다.

書 쒸
sü55
책

院 윈
ün35
공공 장소

üt
윗

月 윗
üt22
월

» 발음 시작부터 끝날 때까지 원래의 둥근 모양을 유지해야 한다.

ö 계열

입모양은 작고 동그란 외, 발음은 우리말의 오처럼 한다.

佢 코위
köü13
그, 그 사람

敦 똔
dön55
지명에 많이 쓰임

出 촛
chöt55
나가다

» 발음 시작부터 끝날 때까지 원래의 둥근 모양을 유지해야 한다.

œ 계열

입 모양은 크게 벌린 오(ɔ), 발음은 우리말의 왜처럼 한다.

œ
왜

靴 홰
hœ55
장화

œng
왱

香 헹
hœng55
향기롭다

œk
왝

脚 꽥
gœk33
다리

» 발음 시작부터 끝날 때까지 원래의 둥근 모양을 유지해야 한다.

m

운모로 발음될 때는 우리말의 음처럼 발음한다.

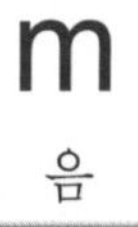

唔 음 아니다
m^{21}

ng

운모로 발음될 때는 우리말의 응처럼 발음한다.

吳 응 성(姓)씨 중의 하나
ng^{21}

» ①홍콩의 젊은이들은 **ng** 응을 **m** 음으로 발음하기도 한다.
② **m**과 **ng**은 성모로도 발음되지만 운모로도 발음된다.
이 두 운모는 다른 성모와는 결합하지 않고 **m**과 **ng**단독으로만 쓰인다.

광동어의 발음과 성조에 대한 더 자세한 설명은 별책부록을 참조하자!

★ ★ ★ ★ ★

Part 1

PART 1에서도 열심히 광동어 회화를 배워봐요~

본문 1 ~본문 7

이제부터
본문 시작~~

1 감사합니다. 미안합니다. 사랑합니다.

UNIT 1 唔該。 감사합니다.

$m^{21}g\text{ɔ}i^{55}$ 음 꼬이

감사합니다는 광동어에서 두 가지로 나누어 사용된다.

1. 다른 사람이 나에게 호의를 베풀어주어 고마움을 표현할 때 – **唔該** $m^{21}g\text{ɔ}i^{55}$ 음 꼬이
2. 다른 사람이 나에게 선물을 주거나 칭찬할 때 – **多謝** $d\text{ɔ}^{55}j\varepsilon^{22}$ 또 쩨

감사합니다.

唔該。 음 꼬이
$m^{21}g\text{ɔ}i^{55}$

아니에요, 별말씀을요.

唔使唔該。 음 싸이 음 꼬이
$m^{21}sai^{35}m^{21}g\text{ɔ}i^{55}$

새로운 단어

★ **唔該** 음 꼬이 $m^{21}g\text{ɔ}i^{55}$	감사합니다 **(호의를 베푼 경우)** ; 실례 합니다 ; ~해 주세요
★ **唔使** 음 싸이 $m^{21}sai^{35}$	~할 필요 없다
★ **唔使唔該** 음 싸이 음 꼬이 $m^{21}sai^{35}m^{21}g\text{ɔ}i^{55}$	아니에요, 별말씀을요

唔該 $m^{21}gɔi^{55}$ 음 꼬이는 다른 사람이 나에게 호의를 베풀었을 때 고마움을 표현하는 말이다. 예를 들어, 앞에 가던 사람이 내가 지나가도록 문을 잡아주는 경우, 혹은 길을 물어보았을 때 친절히 알려 주는 경우, 이러한 경우 모두 나에게 호의를 베풀어 준 것이기 때문에 **唔該** $m^{21}gɔi^{55}$ 음 꼬이를 사용하여 감사를 표현한다.

唔該 $m^{21}gɔi^{55}$ 음 꼬이에 대한 대답은 **唔使唔該** $m^{21}sai^{35}m^{21}gɔi^{55}$ 음 싸이 음 꼬이라고 하는데, **아니에요, 별말씀을요**라는 뜻이다.

영어의 영향으로 우리는 **감사합니다**의 대답을 대부분 **천만에요**라고 번역하지만, 대화에서 **천만에요**라고 대답을 하는 경우는 거의 없으므로 **아니에요, 별말씀을요**라고 하는 것이 무난하다.

표현 Tip

알아두면 좋아요!

唔該 $m^{21}gɔi^{55}$ 음 꼬이 **감사합니다. 실례합니다. ~해 주세요.**

앞에서 말했듯이 唔該 $m^{21}gɔi^{55}$ 음 꼬이는 **상대방이 나에게 호의를 베풀었을 경우**에 **감사합니다**라는 뜻으로 사용된다. 그러나 **감사합니다**라는 뜻 이외에 **실례합니다**나 **~해주세요**라는 뜻으로도 사용된다.

영어의 **Thank you**와 **Excuse me** 그리고 **Please**에 모두 해당되는 이 표현은 **음식점에서 종업원을 부를 때, 전화를 걸어 ~를 바꿔달라고 부탁할 때, 길에서 다른 사람을 앞질러 지나갈 때, 누구에게 부탁을 할 때** 등등 여러 가지 상황에서 두루 사용된다.

唔該 $m^{21}gɔi^{55}$ 음 꼬이는 홍콩에서 하루에도 수십 번씩 들을 수 있을 만큼 실생활에서 많이 사용되고 있는 표현이니, 다른 표현은 모르더라도 이 唔該 $m^{21}gɔi^{55}$ 음 꼬이 만큼은 꼭 기억해두자.

UNIT 2 多謝。 감사합니다.

dɔ^{55}jɛ^{22} 또 쩨

감사합니다.

多謝。 또 쩨
dɔ^{55}jɛ^{22}

아니에요, 별말씀을요.

唔使多謝。 음 싸이 또 쩨
m^{21}sai^{35}dɔ^{55}jɛ^{22}

새로운 단어

★ 多謝 또 쩨 dɔ^{55}jɛ^{22} — 감사합니다 (선물이나 칭찬을 받은 경우)

★ 唔使多謝 음 싸이 또 쩨 m^{21}sai^{35}dɔ^{55}jɛ^{22} — 아니에요, 별말씀을요

또 다른 감사 표현인 **多謝** dɔ[55]jɛ[22] 또쩨는 선물을 받거나 칭찬을 받은 경우 혹은 축하를 받은 경우에 사용한다.

한국어나 영어, 표준중국어는 감사의 표현을 구분하여 사용하지 않지만 광동어는 상황에 따라 두 가지로 구분하여 사용한다.

多謝 dɔ[55]jɛ[22] 또쩨에 대한 대답은 **唔使多謝** m[21]sai[35]dɔ[55]jɛ[22] 음 싸이 또 쩨인데, 이 역시 아니에요, 별말씀을요라는 뜻이다.

홍콩의 야경-심포니 오브 라이트
Symphony of Light

UNIT 3 唔使客氣。 아니에요, 별말씀을요.

$m^{21}sai^{35}haak^{33}hei^{33}$ 음 싸이 학~ 헤이

감사합니다.

 唔該。 음 꼬이

$m^{21}gɔi^{55}$

아니에요, 별말씀을요.

 唔使客氣。 음 싸이 학~ 헤이

$m^{21}sai^{35}haak^{33}hei^{33}$

감사합니다.

 多謝。 또 쩨

$dɔ^{55}jɛ^{22}$

아니에요, 별말씀을요.

 唔使客氣。 음 싸이 학~ 헤이

$m^{21}sai^{35}haak^{33}hei^{33}$

홍콩 역사박물관

새로운 단어

★ 客氣 학~ 헤이 사양하다
$haak^{33}hei^{33}$

★ 唔使客氣 음 싸이 학~ 헤이 아니에요, 별말씀을요
$m^{21}sai^{35}haak^{33}hei^{33}$

앞에서 말한바와 같이 감사의 표현은 ❶ 호의, 배려에 대한 감사 **唔該** m^{21}gɔi^{55} 음꼬이 ❷ 선물이나 칭찬에 대한 감사 **多謝** dɔ^{55}jɛ^{22} 또쩨로 나뉜다.

그에 대한 대답도 ❶ **唔使唔該** m^{21}sai^{35}m^{21}gɔi^{55} 음 싸이 음 꼬이
❷ **唔使多謝** m^{21}sai^{35}dɔ^{55}jɛ^{22} 음 싸이 또 쩨 로 다른 표현을 사용한다.

하지만 똑같은 표현을 사용하여 이 둘을 대신하기도 한다.
그 표현이 바로 **唔使客氣** m^{21}sai^{35}haak^{33}hei^{33} 음싸이 학~ 헤이이다. 즉 **唔該** m^{21}gɔi^{55} 음꼬이와 **多謝** dɔ^{55}jɛ^{22} 또쩨 모두 **唔使客氣** m^{21}sai^{35}haak^{33}hei^{33} 음 싸이 학~ 헤이 로 대답할 수 있다.

알아두면 좋아요!

발음 Tip

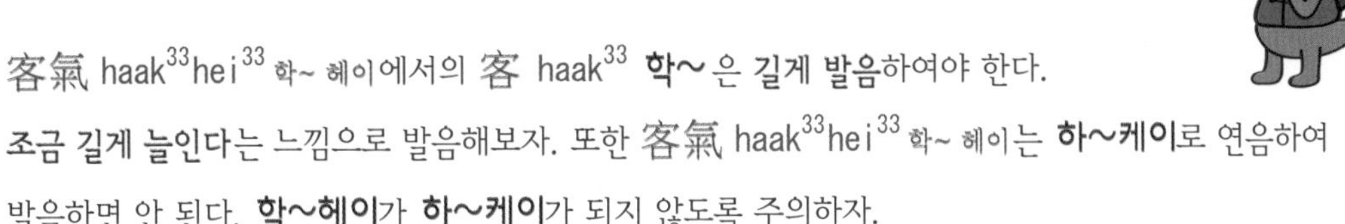

客氣 haak^{33}hei^{33} 학~ 헤이에서의 客 haak^{33} **학~**은 길게 **발음**하여야 한다.
조금 길게 늘인다는 느낌으로 발음해보자. 또한 客氣 haak^{33}hei^{33} 학~ 헤이는 **하~케이**로 연음하여 발음하면 안 된다. **학~헤이**가 **하~케이**가 되지 않도록 주의하자.

1

UNIT 4

對唔住。 죄송합니다.

döü^{33}m^{21}jü^{22} 또위 음 쮜

죄송합니다.

 對唔住。 또위 음 쮜

döü^{33}m^{21}jü^{22}

괜찮습니다.

 唔緊要。 음깐이우

m^{21}gan^{35}iu^{33}

새로운 단어

★ 對唔住 또위 음 쮜 죄송합니다
döü^{33}m^{21}jü^{22}

★ 唔 음 ~하지 않다
m^{21}

★ 緊要 깐 이우 요긴하다, 중요하다
gan^{35}iu^{33}

★ 唔緊要 음 깐 이우 괜찮습니다
m^{21}gan^{35}iu^{33}

죄송합니다 라는 표현은 **對唔住** döü^{33}m^{21}jü^{22} 또위 음 쮜라고 하고, 이에 대한 대답은 **唔緊要** m^{21}gan^{35}iu^{33} 음깐이우 괜찮습니다라고 한다.

許留山 호위 라우 싼 **hőü^{35}lau^{21}saan^{55}**
홍콩의 대표적인 디저트 전문점

알아두면 좋아요!

발음 Tip

對 döü^{33} 또위에서의 ö 는 입 모양을 **외**로 고정시킨 다음 발음은 **오** 로 한다. ü 는 **위**로 발음하는데, 발음시에는 우리말을 발음할 때와는 달리 입술 모양이 바뀌지 않는다.
öü 를 발음할 때에는 **둥근 입술 모양을 그대로 유지**한 채 발음한다는 것을 잊지 말자.

1

UNIT 5

我愛你。 사랑합니다.

ngɔ^{13}ɔi^{33}nei^{13} (응)오 오이 네이

사랑합니다.

 我愛你。 (응)오 오이 네이

ngɔ^{13}ɔi^{33}nei^{13}

사랑해요.

 我愛你。 (응)오 오이 네이

ngɔ^{13}ɔi^{33}nei^{13}

새로운 단어

★ 我 (응)오 ngɔ^{13} — 나

★ 愛 오이 ɔi^{33} — 사랑하다

★ 你 네이 nei^{13} — 너, 당신

외국어를 배울 때 많은 사람들이 **사랑합니다**를 어떻게 표현하는지 많이 궁금해 한다. 광동어로 **사랑합니다**는 **我愛你** ngɔ[13]ɔi[33]nei[13] (응)오 오이 네이 라고 한다.

발음 Tip

我의 ng **발음**은 어떻게 할까? 이 발음은 **광동어의 발음** 부분에서도 말했듯이, 콧소리 **응**을 내는 느낌으로 발음하는데, 예를 들어 **앙앙**에서 두 번째 **앙**의 초성 **ㅇ**처럼 발음하면 된다. **앙**도 아닌 **낭**도 아닌, 콧소리를 동반한 이 ng **발음**은, 한국어에 없는 발음이기 때문에 발음하기가 상당히 어렵다. ng **발음**의 대표적인 글자는 **나**라는 뜻의 我 ngɔ[13]이다.

본문에서는 학습의 편의를 위하여 한글로 발음을 표기하였는데 그러다보니 **ng**에 해당하는 우리말 발음이 없어서 부득이하게 **(응)오**로 표기하게 되었다.
그러나, 주의해야 할 점은 **응오**라고 발음하게 되면 한음절이 아닌 두음절이 되어버리므로 틀린 발음이 된다. 我를 발음할 때는 두 음절의 **응/오**가 아닌 콧소리를 동반한 한음절의 ngɔ로 발음하도록 하자. **(응)**은 **콧소리를 내라는 기호 정도로만 생각**하면 된다.

요즘의 홍콩 젊은이들은 이 발음을 ngɔ가 아닌 **오**로 발음하기도 하지만, 우리는 처음 배우는 입장이니 정확하게 배워서 발음해보도록 하자. 처음에는 발음하기 힘들겠지만 계속 반복해서 연습하다보면 정확하게 발음할 수 있다.

알고 싶은 HONGKONG 香港

홍콩의 명칭 · 역사, 홍콩기의 의미

★ 홍콩의 명칭 · 역사

홍콩은 지난날 청나라가 영국과 맺은 남경조약으로 인해 1898년부터 1997년까지 99년간 영국의 통치를 받게 되었는데, 이후 1997년 7월 1일 중국에 반환되어 현재는 '1국가 2체제' 원칙에 의해 중화인민공화국의 특별행정구로 운영되고 있답니다.

우선, 홍콩기의 빨간색 바탕은 홍콩이 중화인민공화국, 즉 중국의 일부분이라는 것을 상징합니다. 또한 빨간색과 흰색 단 두 가지 색깔만 사용하는 것은 홍콩이 '1국가 2체제'의 원칙에 의해 운영되고 있다는 것을 상징하는 것입니다.

2 안녕? 만날 때 인사

UNIT 1 你好! 안녕!

nei^{13}hou^{35} 네이 호우

안녕하세요?

 你好! 네이 호우

nei^{13}hou^{35}

안녕?

 你好! 네이 호우

nei^{13}hou^{35}

새로운 단어

★ 好 호우 안녕하다
hou^{35}

★ 你好 네이 호우 안녕하세요, 안녕 **(만날 때 인사)**
nei^{13}hou^{35}

안녕하세요?는 광동어로 **你好** $nei^{13}hou^{35}$ 네이 호우 라고 한다.

표준중국어의 니하오와 같은 글자를 쓰지만 발음은 니하오가 아닌 네이호우이다. 홍콩이나 광동 사람을 만나게 되면 반갑게 **你好** $nei^{13}hou^{35}$ 네이호우라고 인사해보자.

유덕화 (마담 투소 밀랍인형 박물관)

알아두면 좋아요!

발음 Tip

광동어에서 n는 종종 l로 발음하므로, $nei^{13}hou^{35}$ 네이 호우는 $lei^{13}hou^{35}$ 레이 호우라고도 한다.

UNIT 2 早晨! 아침 인사

jou^{35}san^{21} 쪼우 싼

안녕하세요?

早晨! 쪼우 싼
jou^{35}san^{21}

안녕?

早晨! 쪼우 싼
jou^{35}san^{21}

새로운 단어

★ 早 쪼우 jou^{35} — 이르다

★ 晨 싼 san^{21} — 새벽, 아침

★ 早晨 쪼우 싼 jou^{35}san^{21} — 안녕하세요 **(아침 인사)**

早晨 jou³⁵san²¹ 쪼우 싼은 아침에 하는 인사말로, 영어의 Good morning, 표준중국어의 **早上好** zǎoshang hǎo 자오상 하오에 해당한다.

표준중국어에서 **早晨** zǎochén 자오천은 **새벽**이라는 뜻이지만, 광동어에서 **早晨** jou³⁵san²¹ 쪼우 싼은 **새벽**이 아닌 아침에 하는 인사말이다.

아침에는 **你好** nei¹³hou³⁵ 네이 호우라고 하지 않고 보통 **早晨** jou³⁵san²¹ 쪼우 싼이라고 한다.

sky100 전망대에서 바라본 홍콩섬

2

UNIT 3 哈佬! 헬로우, Hello

haa^{55}lou^{35} 하~ 로우

안녕?

안녕?

哈佬! 하~ 로우

haa^{55}lou^{35}

안녕?

哈佬! 하~ 로우

haa^{55}lou^{35}

새로운 단어

* 哈佬 하~ 로우 안녕 (헬로우-hello)
  haa^{55}lou^{35}

광동어의 인사말 중에는 **哈佬** haa^{55}lou^{35}하~ 로우라는 표현도 있다.
영어의 Hello를 음역한 것으로, 홍콩의 젊은이들이 자주 사용하는 표현이다.

상대방이 **哈佬** haa^{55}lou^{35}하~ 로우라고 인사해오면 당황하지 말고 같이 **哈佬** haa^{55}lou^{35}하~ 로우라고 인사해주자.

대낮같은 홍콩의 밤거리

2

UNIT 4

呢排點呀? 요즘 어떠니?

$ni^{55}paai^{35}dim^{35}aa^{3}$ 니 파~이 띰 아~

요즘 어떠니?

呢排點呀? 니 파~이 띰 아

$ni^{55}paai^{35}dim^{35}aa^{33}$

아주 잘 지내.

好好。 호우 호우

$hou^{35}hou^{35}$

잘 지내.

幾好。 께이 호우

$gei^{35}hou^{35}$

그렇게 잘 지내는 건 아니야.

唔係幾好。 음 하이 께이 호우

$m^{21}hai^{22}gei^{35}hou^{35}$

그냥 그래.

麻麻哋。 마~ 마~ 떼이

$maa^{21}maa^{35}dei^{35}$

잘 못 지내

唔好。 음 호우

$m^{21}hou^{35}$

새로운 단어

★ 呢排 니 파~이 $ni^{55}paai^{35}$ 요즘

★ 點 띰 dim^{35} 어떠하다

★ 呀 아~ aa^{33} 의문을 나타내는 조사

★ 好 호우 hou^{35} 아주, 매우, 좋다

★ 幾 께이 gei^{35} 꽤, 제법

★ 唔係幾 음 하이 께이 $m^{21}hai^{22}gei^{35}$ 그다지 ~하지 않다

★ 麻麻哋 마~ 마~ 떼이 $maa^{21}maa^{35}dei^{35}$ 그런대로 괜찮다, 그저 그렇다

★ 唔 음 m^{21} 아니다, ~하지 않다

呢排 ni^{55}paai^{35} 니파~이는 요즘이라는 뜻이고, 點 dim^{35} 띰은 〈어떠한가〉를 묻는 표현이다. 따라서 呢排點呀? ni^{55}paai^{35}dim^{35}aa^{33} 니파~이띰아~는 요즘 어떻게 지내세요? 라는 안부의 표현이 된다.

대답은 여러 가지가 있는데, 그 중에서 아주 잘 지낸다라는 대답은 好 hou^{35} 호우 자를 두 번 반복하여 好好 hou^{35}hou^{35} 호우호우라고 한다.

① 好 우리가 **좋을 호**로 알고 있는 好자는 **좋다**라는 뜻도 있지만, 광동어에서는 **아주**, **매우**라는 뜻도 있다. 그렇기 때문에 好好 hou^{35}hou^{35} 호우 호우는 **아주 좋다**라는 뜻으로, 첫 번째 好 hou^{35} 호우는 **아주**, 두 번째 好 hou^{35} 호우는 **좋다**에 해당한다. 안부를 물어보았을 때 이렇게 대답하면 아주 잘 지낸다라는 뜻이 된다.

② 幾好 gei^{35}hou^{35} 께이 호우는 **잘 지낸다**라는 뜻이다. 여기에서의 幾 gei^{35} 께이는 **꽤**, **매우**라는 뜻이지만, 好 hou^{35} 호우와 결합하게 되면 **매우 좋다**보다는 **좋다**, **괜찮다**라는 뜻으로 쓰인다. 이는 표준중국어의 不錯 bú cuò 부 추어에 해당하는 표현으로, 안부에 대한 대답으로 사용할 때는 잘 지내가 된다.

③ 唔 m^{21} 음은 ~이 아니다, 唔係幾 m^{21}hai^{22}gei^{35} 음 하이 께이는 그다지 ~하지 않다라는 뜻이다. 麻麻哋 maa^{21}maa^{35}dei^{35} 마~ 마~ 떼이는 그냥 그래라는 뜻으로 영어의 so so에 해당한다.

알아두면 좋아요!

발음 Tip

麻麻哋 maa^{21}maa^{35}dei^{35} 마~ 마~ 떼이는 두 번째 麻를 낮은 하강조(21)의 maa^{21}가 아닌 높은 상승조(35)의 maa^{35}로 발음해야 한다. 성조가 바뀐다는 것을 기억해 두자.

UNIT 5 好耐冇見。 오랜만이야.

hou[35]nɔi[22]mou[13]gin[33] 호우 노이 모우 낀

오랜만이야.

好耐冇見。 호우 노이 모우 낀
hou[35]nɔi[22]mou[13]gin[33]

오랜만이야.

好耐冇見。 호우 노이 모우 낀
hou[35]nɔi[22]mou[13]gin[33]

새로운 단어

★ 耐 노이 nɔi[22] 오래다

★ 冇 모우 mou[13] ~하지 못하다

★ 見 낀 gin[33] 만나다

★ 好耐冇見 호우 노이 모우 낀 hou[35]nɔi[22]mou[13]gin[33] 오랜만입니다

冇 mou[13] 모우는 **없다**또는 **~하지 못하다**라는 뜻이다. 이 글자는 **있을 유 有**자에서 가운데 두 획을 생략하여 만든 글자로, 있다의 반대인 **없다**의 뜻으로 쓰이게 되었다.

참다라는 뜻의 **耐** nɔi[22] 노이는 광동어에서는 대부분 **오랫동안**이라는 뜻이다. **耐** nɔi[22] 노이앞의 **好** hou[35] 호우는 **아주, 매우**라는 뜻으로 **好耐冇見** hou[35]nɔi[22]mou[13] gin[33] 호우노이모우낀은 아주 오랫동안 만나지 못했다 즉 **오랜만이다**라는 뜻이다.

공항고속열차(AEL) 내부

알고 싶은 HONGKONG 香港

홍콩의 지리, 민족, 언어

★ 홍콩의 지리 · 민족

홍콩은 서울 크기의 약 1.8배에 해당하는 1,100㎢이며, 홍콩섬(香港島)과 구룡반도(九龍), 신계지(新界) 및 란타우 섬(大嶼山)으로 구성되어 있답니다.

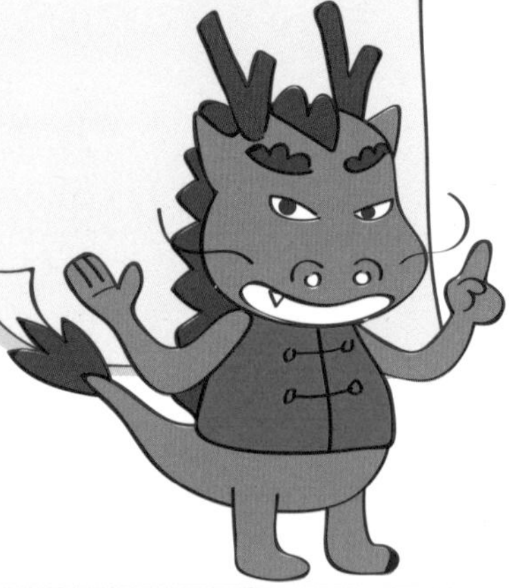

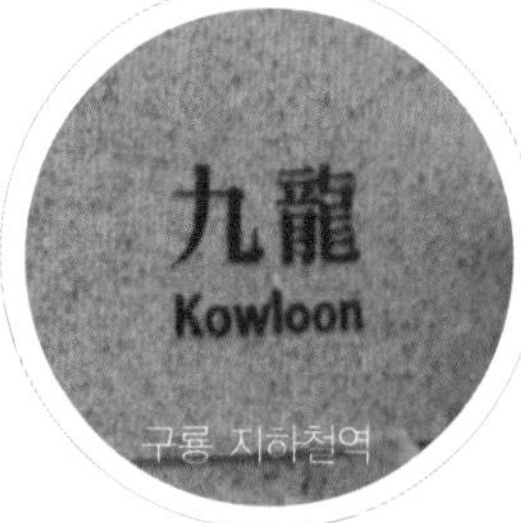

九龍
Kowloon
구룡 지하철역

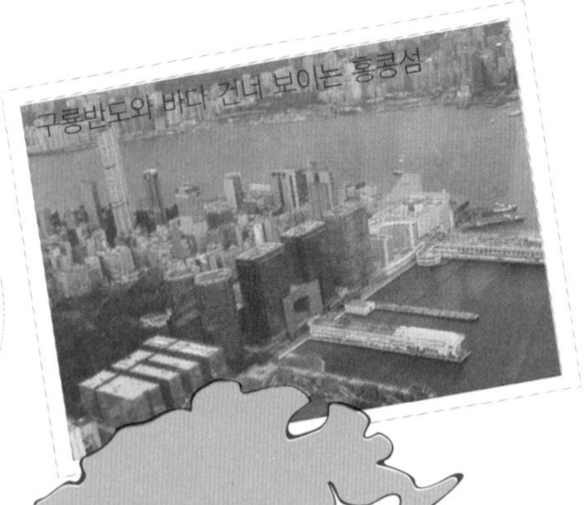

구룡반도와 바다 건너 보이는 홍콩섬

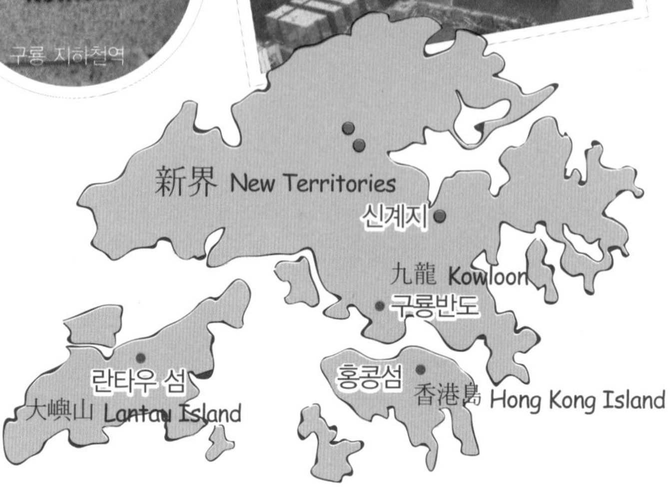

新界 New Territories
신계지
九龍 Kowloon
구룡반도
란타우 섬
大嶼山 Lantau Island
홍콩섬
香港島 Hong Kong Island

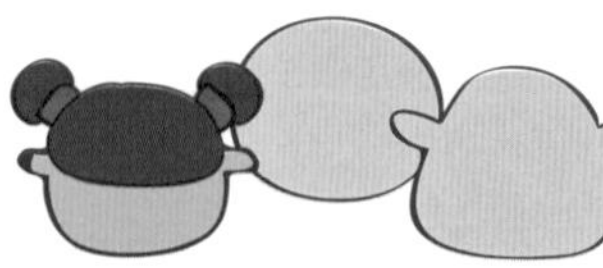

와~서울의 1.8배~~

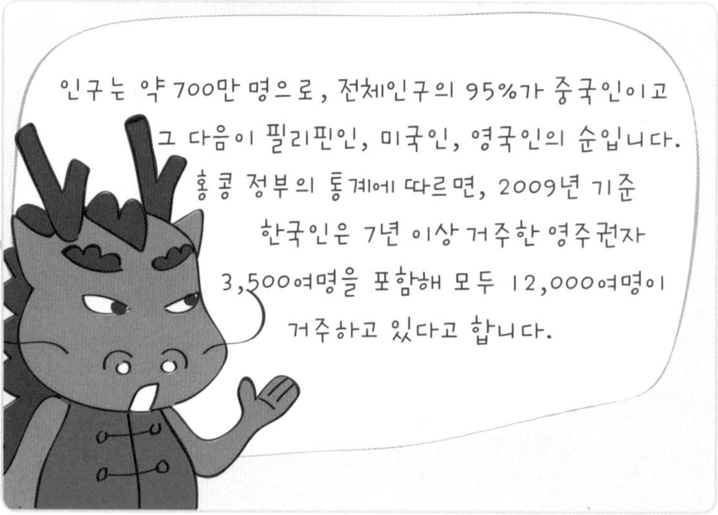

인구는 약 700만 명으로, 전체인구의 95%가 중국인이고 그 다음이 필리핀인, 미국인, 영국인의 순입니다. 홍콩 정부의 통계에 따르면, 2009년 기준 한국인은 7년 이상 거주한 영주권자 3,500여명을 포함해 모두 12,000여명이 거주하고 있다고 합니다.

★ 홍콩의 언어

홍콩에 가게 되면 영어나 표준중국어
대신 꼭 ~꼭 광동어로 말해
보도록 해요.

그럼 전 지금부터 열심히 광동어를 배워 홍콩
에서 폼 나게 말해볼래요~

표준중국어를 사용하는 경우에는 의사소통에는 아무런 문제가
없지만 상당히 형식적이고 경직된 사무적인 대우만 받을 수
있으니 되도록이면 광동어로 말해보세요~
광동어로 말하면 홍콩 사람들이 훨씬 ~더 친절하고
상냥하게 대해 줄 거예요. ^ ^

침사추이(尖沙咀)에서 바라본 홍콩섬의 경관

그럼 난 광동어를
잘 배워서 홍콩사람들과 친하게
이야기하며 쇼핑을 할래요~~

3 안녕~ 헤어질 때 인사

UNIT 1 再見。 잘 가, 안녕!

jɔi33gin33 쪼이 낀

잘 가

再見。 쪼이 낀
jɔi33gin33

안녕~

再見。 쪼이 낀
jɔi33gin33

새로운 단어

★ 再 쪼이 다시
jɔi33

★ 再見 쪼이 낀 잘 가, 안녕 (헤어질 때 인사)
jɔi33 gin33

再見 jɔi[33]gin[33] 쪼이낀은 헤어질 때의 인사이다.

홍콩의 저녁 풍경

알아두면 좋아요!

발음 Tip

再見은 표준중국어와 똑같은 글자를 쓰지만 발음은 zài jiàn 짜이 찌엔이 아닌 jɔi[33] gin[33] 쪼이 낀이다.

3

UNIT 2

下次再見。 다음에 또 만나자.

haa^{22}chi^{33}jɔi^{33}gin^{33} 하~ 치 쪼이 낀

다음에 또 만나자.

下次再見。 하~ 치 쪼이 낀

haa^{22}chi^{33}jɔi^{33}gin^{33}

다음에 또 보자.

下次再見。 하~ 치 쪼이 낀

haa^{22}chi^{33}jɔi^{33}gin^{33}

새로운 단어

★ 下 하~ — 다음, 나중
haa^{22}

★ 次 치 — 번, 차례
chi^{33}

★ 下次再見 하~ 치 쪼이 낀 — 다음에 또 보자
haa^{22}chi^{33}jɔi^{33}gin^{33}

아래 하 下자는 아래라는 뜻 외에 다음, 나중이라는 뜻도 있다.
下 haa^{22} 하~ 와 번, 차례를 나타내는 次 chi^{33} 치가 결합하면 다음 번이라는 뜻이 된다.

다음 번이라는 下次 haa^{22}chi^{33} 하~ 치와 잘 가라는 뜻의 再見 jɔi^{33}gin^{33} 쪼이 낀이 합해지면 다음에 또 만나자라는 헤어질 때의 인사말이 된다.

홍콩에 진출한 한국 기업들-LG

홍콩에 진출한 한국 기업들-Samsung

알아두면 좋아요!

발음 Tip

次는 chi^{33} 치라고 발음한다. 표준중국어의 chi로 생각해서 설첨후음의 ㅊ라고 발음하지 않도록 주의하자.

3

UNIT 3 聽日見。 내일 보자.

teng^{55}yat^{22}gin^{33} 텡 얏 낀

내일 보자.

 聽日見。 텡 얏 낀
teng^{55}yat^{22}gin^{33}

내일 봐.

 聽日見。 텡 얏 낀
teng^{55}yat^{22}gin^{33}

새로운 단어

★ 聽日 텡 얏 — 내일
teng^{55}yat^{22}

★ 聽日見 텡 얏 낀 — 내일 보자
teng^{55}yat^{22}gin^{33}

광동어에서 내일은 **聽日** teng^{55}yat^{22} 텡얏이라고 한다.

내일 만나자 라는 표현은 **聽日** teng^{55}yat^{22} 텡얏에 보다 라는 **見** gin^{33} 낀을 합해서 **聽日見** teng^{55}yat^{22}gin^{33} 텡얏낀이라고 한다.

홍콩의 야경

3

UNIT 4

拜拜。 바이바이, Bye-bye

baai^{55}baai^{33} 빠~이 빠~이

잘 가!

잘 가 Bye-bye

拜拜。 빠~이 빠~이

baai^{55}baai^{33}

잘 가 Bye-bye

拜拜。 빠~이 빠~이

baai^{55}baai^{33}

새로운 단어

★ 拜拜 빠~이 빠~이 바이바이 (Bye-bye)

baai^{55}baai^{33}

헤어질 때 하는 인사 중에 **拜拜** baai^{55}baai^{33} 빠~이 빠~이가 있는데, 영어의 Bye-bye를 음역한 것이다.

홍콩에서는 **再見** jɔi^{33} gin^{33} 쪼이 낀보다 **拜拜** baai^{55}baai^{33} 빠~이 빠~이를 훨씬 더 많이 사용한다.

활기찬 홍콩의 거리 풍경

알아두면 좋아요!

발음 Tip

拜拜 baai^{55}baai^{33} 빠~이 빠~이는 같은 글자를 두 번 반복해서 사용하지만, 첫 번째 拜 baai^{55}는 높은 수평조(55)로 발음하고 두 번째 拜 baai^{33}는 중간 수평조(33)로 발음한다.

3

UNIT 5

早唞。 안녕히 주무세요.

$jou^{35}tau^{35}$ 쪼우 타우

안녕히 주무세요.

 早唞。 쪼우 타우

$jou^{35}tau^{35}$

잘 자라.

 早唞。 쪼우 타우

$jou^{35}tau^{35}$

새로운 단어

★ 唞 타우 tau^{35} 쉬다

★ 早唞 쪼우 타우 $jou^{35}tau^{35}$ 안녕히 주무세요, 잘 자

早唞 jou^{35}tau^{35} 쪼우 타우 는 자기 전에 하는 인사말로, 영어의 Good night, 표준중국어의 **晚安** wǎn ān 완안에 해당한다.

광동어에서 **唞** tau^{35} 타우는 **쉬다**라는 뜻이므로, **早唞** jou^{35}tau^{35} 쪼우 타우는 **일찍 쉬세요**라는 뜻이 된다. 일찍 잠자리에 들어 휴식을 취하라는 의미로 **안녕히 주무세요**라는 인사말이 되었다.

홍콩의 야경

알고 싶은 HONGKONG 香港

홍콩의 날씨

홍콩의 새해

아열대 기후에 속하는 홍콩은 한국처럼 계절의 변화가 뚜렷하지는 않지만 일반적으로 봄(3~5월), 여름(6~8월), 가을(9~11월), 겨울(12~2 월)로 구분됩니다.

체감 온도로 구분하자면 봄은 3~4월, 여름은 5~9월, 가을은 10~11월, 겨울은 12~2월쯤 된다고 할 수 있답니다.

봄은 기온이 17~28℃ 정도로 따뜻하지만 습하며 4월 이후부터 더위가 시작되죠. 이 기간에 홍콩에 가게 되면 반팔 옷을 준비해 가는 것이 좋아요~

여름은 기온이 24~33℃이지만 습도가 높기 때문에 푹푹 찌는 듯 무더우며, 비도 많이 오고 습도가 90%를 넘는 경우가 허다하답니다.

눈이 따가울 정도로 강렬하게 내리쬐는 햇빛, 사람 몸에서 발산하는 열기, 그리고 아스팔트와 자동차, 건물의 에어컨들이 내뿜는 열기 때문에 더위를 많이 타는 사람은 짜증이 북받쳐오를 수도 있습니다.

홍콩의 여름

하지만 건물마다 에어컨을 춥다 싶을 정도로 시원하게 틀어놓으니 더위에 지칠 때는 굳이 물건을 사지 않더라도 곳곳에 있는 쇼핑몰에서 잠시 들어가서 땀을 식히면 돼요. 단, 실내와 실외의 온도차가 크기 때문에 너무 오래 머무르지 않도록 해야 하며, 그렇지 못할 경우 감기나 냉방병에 걸릴 수 있으니 얇은 긴팔 옷을 하나쯤 가지고 다니는 것이 좋답니다.

옙~~
전 꼭 얇은 긴팔 옷을 챙겨갈게요~

홍콩의 4계절 중 가을은 날씨가 가장 좋은 계절이랍니다.
기온은 20~28°C로 여전히 더운 느낌이 있지만 여름만큼 무덥지는 않습니다.
우리나라의 초여름 정도의 날씨이며, 아침, 저녁은 매우 선선하답니다.

겨울은 15~20℃ 정도로 기온이 10℃ 이하로 내려가는 날이 거의 없답니다.
그래서 햇볕이 따뜻한 날은 한국의 가을 같은 느낌이 들지만, 비가 오는 날은 초겨울처럼 춥게 느껴지기도 하니 여행 옷차림에 신경써야합니다.

홍콩의 겨울

난방 장치가 발달되지 않아 실내가 실외보다 훨씬 더 추울 수도 있지만 준비만 철저히 하면
즐거운 홍콩에서의 겨울을 즐길 수 있답니다~~
그러니 겨울에 홍콩에 갈때는 두툼한 옷을 챙겨 가도록 해요~
잠을 잘때는 특히 더 추울 수도 있으니 추위를 많이 타는 사람들은 꼭 두툼한,
방한이 잘 되는 옷을 꼭 챙겨가도록 해요.

4

성함이 어떻게 되세요?

UNIT 1

你貴姓呀?

nei^{13}gwai^{33}seng^{33}aa^{33}? 네이 꽈이 쎙 아~

성씨가 어떻게 되세요?

你貴姓呀? 네이 꽈이 쎙 아~

nei^{13}gwai^{33}seng^{33}aa^{33}

저는 깜(金)씨입니다.

我姓金。 (응)오 쎙 깜

ngɔ^{13}seng^{33}Gam^{55}

새로운 단어

★ 貴 꽈이 gwai^{33} 귀하다, 귀중하다

★ 貴姓 꽈이 쎙 gwai^{33}seng^{33} 다른 사람에게 성씨를 물을 때 사용함

★ 姓 쎙 seng^{33} 성(姓)이 ~이다

★ 金 깜 Gam^{55} 성(姓)

성씨가 어떻게 되세요?

표준중국어에서 성씨를 물을 때는 **您貴姓?** nín guì xìng? 닌 꾸에이 씽이라고 한다. 광동어에서도 이 표현은 표준중국어와 유사하게 **你貴姓呀?** nei^{13}gwai^{33}seng^{33}aa^{33}? 네이 꽈이 쎙 아~라고 한다. 하지만 광동어에는 존칭어가 따로 없기 때문에 표준중국어처럼 **您** nín 닌이라는 존칭어를 사용하지 않는다.

즉, 광동어에서는 너와 당신을 구분하지 않고 2인칭대명사를 모두 **你** nei^{13} 네이라고 한다.

발음 Tip

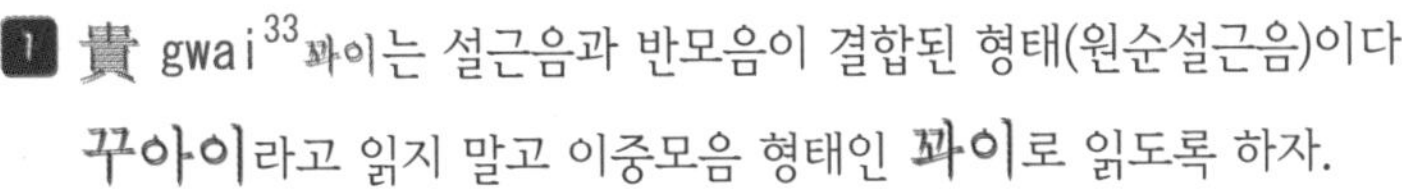
1. 貴 gwai^{33} 꽈이는 설근음과 반모음이 결합된 형태(원순설근음)이다.
꾸아이라고 읽지 말고 이중모음 형태인 **꽈이**로 읽도록 하자.

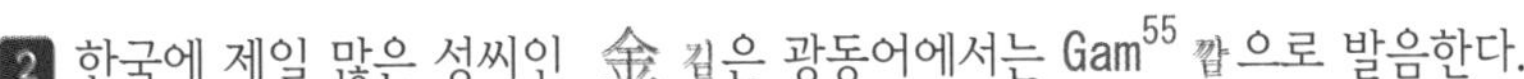
2. 한국에 제일 많은 성씨인 金 김은 광동어에서는 Gam^{55} 깜으로 발음한다.

4

UNIT 2

你叫乜嘢名呀?

nei[13]giu[33]mat[55]yɛ[13]mɛng[35]aa[33] 네이 끼우 맛 예 멩 아~

성함이 어떻게 되세요?

你叫乜嘢名呀? 네이 끼우 맛 예 멩 아~

nei[13]giu[33]mat[55]yɛ[13]mɛng[35]aa[33]

찌우얀텡(조은정) 이라고 합니다.

我叫趙恩梃。 (응)오 끼우 찌우 얀 텡

ngɔ[13]giu[33]Jiu[22]Yan[55]Teng[13]

새로운 단어

★ **叫** 끼우 giu[33] ~라고 부르다

★ **乜嘢** 맛 예 mat[55]yɛ[13] 무엇

★ **名** 멩 mɛng[35] 이름

★ **叫乜嘢名** 끼우 맛 예 멩 giu[33]mat[55]yɛ[13]mɛng[35] 이름이 무엇입니까?

★ **趙** 찌우 Jiu[22] 성(姓)씨 중의 하나

성함이 어떻게 되세요?

乜嘢 mat^{55}yɛ^{13} 맛 예 는 **무엇**이라는 뜻이다.
乜 은 어조사 야 **也** 에서 가운데 획이 생략된 형태로, 광동어에서 자주 사용되는 글자이다.

상대방의 이름을 물을 때는 **你叫乜嘢名呀?** nei^{13}giu^{33}mat^{55}yɛ^{13}mɛng^{35}aa^{33} 네이 끼우 맛 예 멩 아~라고 한다.
그런데 예문에 나와 있는 **찌우얀텡(조은정)**이 누구일까? 궁금하다면 본 교재의 저자 이름을 다시 한 번 확인하도록 하자.

발음 Tip

성씨 중의 하나인 **趙** 조는 Jiu^{22} 찌우 라고 발음한다. 표준중국어의 Jiu로 생각하여 **찌어우** 라고 발음하지 않도록 주의하자.

4

UNIT 3

好高興認識你。

hou^{35}gou^{55}heng^{33}yeng^{22}sek^{55}nei^{13} 호우 꼬우 헹 옝 쎅 네이

이 분은 웡(王) 선생님입니다.

呢位係王先生。 니 와이 하이 웡 씬 쌍~

ni^{55}wai^{35}hai^{22}Wɔng^{21}sin^{55}saang^{55}

만나서 반갑습니다.

好高興認識你。 호우 꼬우 헹 옝 쎅 네이

hou^{35}gou^{55}heng^{33}yeng^{22}sek^{55}nei^{13}

새로운 단어

★ 高興 꼬우 헹 gou^{55}heng^{33} 기쁘다, 즐겁다

★ 認識 옝 쎅 yeng^{22}sek^{55} 알다

★ 呢 니 ni^{55} 이, 이것

★ 位 와이 wai^{35} 분 사람을 높여서 이르는 말

★ 係 하이 hai^{22} ~이다

★ 王 웡 Wɔng^{21} 성(姓)씨 중의 하나

★ 先生 씬 쌍~ sin^{55}saang^{55} 선생 성인 남자에 대한 존칭

★ 王先生 웡 씬 쌍~ Wɔng^{21}sin^{55}saang^{55} 웡 선생님, Mr. 웡

만나서 반갑습니다.

처음 만났을 때의 인사말인 만나서 반갑습니다는 好高興認識你 $hou^{35}gou^{55}heng^{33}$ $yeng^{22}sek^{55}nei^{13}$ 호우 꼬우 헝 옝 쎅 네이라고 한다.

앞의 대화 는 누군가를 다른 사람에게 소개시켜줄 때 사용하는 표현이다.

① 呢 ni^{55} 니는 이, 이것이라는 뜻으로 표준중국어의 这 zhè 쩌에 해당한다.

② 呢位 $ni^{55}wai^{35}$ 니 와이는 이 사람을 높여서 이르는 말로 이 분이라는 뜻이다. 또한 係 hai^{22} 하이는 ~이다 라는 뜻으로 표준중국어의 是 shì 쓰에 해당한다.

발음 Tip

성씨 중의 하나인 王 왕은 광동어에서는 $wɔng^{21}$ 웡으로 발음한다.

4

UNIT 4

邊位係李老師呀?

$bin^{55}wai^{35}hai^{22}Lei^{13}lou^{13}si^{55}aa^{33}$ 삔 와이 하이 레이 로우 씨 아~

어느 분이 레이(李) 선생님이신가요?

邊位係李老師呀? 삔 와이 하이 레이 로우 씨 아~

$bin^{55}wai^{35}hai^{22}Lei^{13}lou^{13}si^{55}aa^{33}$

저 분이 레이(李) 선생님입니다.

嗰位係李老師。 꼬 와이 하이 레이 로우 씨

$gɔ^{35}wai^{35}hai^{22}Lei^{13}lou^{13}si^{55}$

새로운 단어

★邊 삔 bin^{55}	어느	★老師 로우 씨 $lou^{13}si^{55}$	선생님 학생을 가르치는 사람
★邊位 삔 와이 $bin^{55}wai^{35}$	어느 분	★李老師 레이 로우 씨 $Lei^{13}lou^{13}si^{55}$	레이 선생님, teacher 레이
★李 레이 Lei^{13}	성(姓)	★嗰 꼬 $gɔ^{35}$	저, 저것, 그, 그것

어느 분이 레이(李) 선생님이신가요?

邊 bin[55] 삔은 어느라는 뜻이며, **邊位** bin[55]wai[35] 삔 와이는 어느 분이라는 뜻이다.

또한 **嗰** gɔ[35] 꼬는 저, 저것 또는 그, 그것이라는 뜻이며, 이에 **位** wai[35] 와이가 결합된 **嗰位** gɔ[35]wai[35] 꼬 와이는 저 분 혹은 그 분이라는 뜻이다.

장국영 (마담 투소 밀랍인형 박물관)

발음 Tip

이 李는 광동어에서 Lei[13] 레이 라고 발음한다.

4

UNIT 5 佢係邊個呀?

köü^{13}hai^{22}bin^{55}gɔ^{33}aa^{33} 코위 하이 삔 꼬 아~

그 사람 누구야?

 佢係邊個呀? 코위 하이 삔 꼬 아~

köü^{13}hai^{22}bin^{55}gɔ^{33}aa^{33}

그 사람은 내 친구야.

 佢係我嘅朋友。 코위 하이 (응)오 께 팡 야우

köü^{13}hai^{22}ngɔ^{13}gɛ^{33}pang^{21}yau^{13}

새로운 단어

★ 佢 코위 köü^{13} — 그, 그 사람

★ 邊個 삔 꼬 bin^{55}gɔ^{33} — 누구

★ 嘅 께 gɛ^{33} — ~의

★ 朋友 팡 야우 pang^{21}yau^{13} — 친구

그 사람 누구야?

佢 köü[13]코위는 **그 사람**이라는 뜻으로 표준중국어의 **他, 她** tā 타에 해당한다. **邊個** bin[55]gɔ[33]삔 꼬는 **누구**라는 뜻이며, 이를 높여서 이르는 말인 **어느 분**은 앞 unit에서 살펴본 것처럼 **邊位** bin[55]wai[35] 삔 와이 라고 한다.

嘅 gɛ[33] 께는 표준중국어의 **的** de 더에 해당하는 것으로, ~의라는 뜻이다.

알아두면 좋아요!

문화 Tip

홍콩의 전압

홍콩의 전압은 우리나라와 마찬가지로 220V이지만, 플러그의 모양은 우리와는 다르게 발이 세 개나 달려있다.

홍콩에 장기간 머무르게 되는 경우 휴대폰 충전기나 디지털 카메라 충전기를 가져가게 되는데, 홍콩의 플러그 모양이 한국과 달라서 사용할 수가 없게 된다. 이럴 때는 멀티플러그를 사용하면 되는데, 한국에서 미리 준비해 가거나 홍콩에서 구입하면 된다. 홍콩에서는 百佳 ParknShop 파큰샵 같은 슈퍼마켓에서 구입할 수 있다.

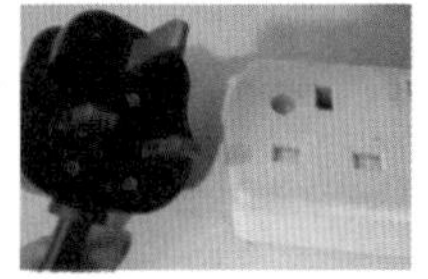
홍콩식 플러그와 콘센트

멀티 플러그

百佳 파큰샵 ParknShop
홍콩의 슈퍼마켓

회화에 필요한 알짜 문법

1 성이 ~이다
姓 seng³³ 쎙

姓 seng³³ 쎙 뒤에 성씨(예를 들어 金, 李, 朴, 崔)를 붙이면 성씨가 ~이다 라는 뜻이 된다.
문장 구조를 살펴보면 다음과 같다.

我 + 姓 + 성씨 나는 성씨가 ○이다.
나 성이 ~이다

예 我姓金。(응)오 쎙 깜 저는 깜(金)씨입니다.
ngɔ¹³seng³³Gam⁵⁵

2 ~라고 부르다
叫 giu³³ 끼우

叫 giu³³ 끼우 는 ~라고 부르다 라는 뜻이다.
이름을 말할 때는 叫 giu³³ 끼우 뒤에 이름을 붙여 말하면 된다.

我 + 叫 + 이름 나는 이름이 ○ ○ ○이다.
나 ~라고 부르다

예 我叫趙恩椗。(응)오 끼우 찌우 얀 텡 저는 찌우얀텡(조은정) 이라고 합니다.
ngɔ¹³giu³³Jiu²²Yan⁵⁵Teng¹³

3 ~이다

係 hai^{22} 하이

呢位 ni^{55}wai^{35} 니 와이는 이 분, 嗰位 gɔ^{35}wai^{35} 꼬 와이는 저 분(그 분), 邊位 bin^{55}wai^{35} 삔 와이는 어느 분?이라는 뜻이다.

각각에 ~이다라는 뜻의 係 hai^{22} 하이가 결합되면 이 분은 ~이다, 저 분(그 분)은 ~이다, 어느 분이 ~입니까? 라는 뜻이 된다.

呢位 이 분				이 분은 ~이다.
嗰位 저 분, 그 분	+ 係 +	이름, 신분, 직업		저 분(그 분)은 ~이다.
邊位 어느 분?				어느 분이 ~입니까?

예 呢位係王先生。니 와이 하이 웡 씬 쌍~
ni^{55}wai^{35}hai^{22}Wɔng^{21}sin^{55}saang^{55}
이 분은 웡(王) 선생님입니다.

嗰位係李老師。꼬 와이 하이 레이 로우 씨
gɔ^{35}wai^{35}hai^{22}Lei^{13}lou^{13}si^{55}
저 분이 레이(李) 선생님입니다.

邊位係李老師呀? 삔 와이 하이 레이 로우 씨 아~
bin^{55}wai^{35}hai^{22}Lei^{13}lou^{13}si^{55}aa^{33}
어느 분이 레이(李) 선생님이신가요?

응용 ①

저는 깜(金)씨입니다.

我姓金。 (응)오 셍 깜

ngɔ^{13}seng^{33}Gam^{55}

① 梁 랭 — 랭(梁)씨
Lœng^{21}

② 羅 로 — 로(羅)씨
Lɔ^{21}

③ 葉 입 — 입(葉)씨
Ip^{22}

응용 ②

찌우얀텡(조은정)
이라고 합니다.

我叫趙恩梃。 (응)오 끼우 찌우 얀 텡

ngɔ^{13}giu^{33}Jiu^{22}Yan^{55}Teng^{13}

① 張國榮 쨍꿕웽 — 쨍꿕웽(장국영)
Jœng^{55}Gwɔk^{33}Weng^{21}

② 周潤發 짜우 욘 팟~ — 짜우욘팟(주윤발)
Jau^{55}Yön^{22}Faat^{33}

③ 劉德華 라우 딱 와~ — 라우딱와(유덕화)
Lau^{21}Dak^{55}Waa^{21}

응용 ③

이 분은
웡(王)선생님입니다.

呢位係王先生。 니 와이 하이 웡 씬 쌍~

ni^{55}wai^{35}hai^{22}Wɔng^{21}sin^{55}saang^{55}

① 崔老闆 초위 로우 빤~ — 초위(崔) 사장님
Chöü^{55}lou^{13}baan^{35}

② 朴太太 폭 타~이 타~이 — 폭(朴)씨 부인
Pɔk^{33}taai^{33}taai^{35}

③ 鄭同學 쩽 통 혹 — 쩽(鄭) 학우
Jeng^{22}tong^{21}hɔk^{22}

알고 싶은 HONGKONG 香港

홍콩 스타들의 광동어 이름

광동어를 배우게 되면, 내가 좋아하는 홍콩 스타들의 이름은 광동어로 뭘까 궁금해진답니다.
우리에게 친숙한 홍콩 스타들의 이름을 아래에 모아봤어요.
학창시절 가슴 설레며 봤던 영화도 추억할 수 있고, 영화 속 스타들의 이름도 알 수 있고, 광동어 발음도 공부 할 수 있는 일석삼조의 효과를 얻을 수 있어요.

전 홍콩 배우는 다 좋아요~

홍콩!! 광동어~~하면 생각나는 최고의 배우!! 제일 유명한 가수이면서 배우, 홍콩 최고의 스타~ '장국영'은 광동어로 어떻게 읽고 쓸까요?

- 장국영 張國榮 $Jœng^{55}Gw\text{ɔ}k^{33}Weng^{21}$ 쬉꿕웽
- 주윤발 周潤發 $Jau^{55}Y\ddot{o}n^{22}Faat^{33}$ 짜우욘팟~
- 홍금보 洪金寶 $Hong^{21}Gam^{55}Bou^{35}$ 홍깜뽀우
- 이소룡 李小龍 $Lei^{13}Siu^{35}Long^{21}$ 레이씨우롱
- 성룡 成龍 $Seng^{21}Long^{21}$ 쎙롱
- 유덕화 劉德華 $Lau^{21}Dak^{55}Waa^{21}$ 라우딱와~
- 양조위 梁朝偉 $Lœng^{21}Chiu^{21}Wai^{13}$ 렝치우와이
- 장학우 張學友 $Jœng^{55}H\text{ɔ}k^{22}Yau^{13}$ 쬉혹야우
- 매염방 梅艷芳 $Mui^{21}Im^{22}F\text{ɔ}ng^{55}$ 무이임퐁
- 장만옥 張曼玉 $Jœng^{55}Maan^{22}Yok^{22}$ 쬉만~욕
- 여명 黎明 $Lai^{21}Meng^{21}$ 라이멩
- 주성치 周星馳 $Jau^{55}Seng^{55}Chi^{21}$ 짜우쎙치
- 곽부성 郭富城 $Gw\text{ɔ}k^{33}Fu^{33}Seng^{21}$ 꿕푸쎙
- 진혜림 陳慧琳 $Chan^{21}Wai^{22}Lam^{21}$ 찬와이람
- 견자단 甄子丹 $Yan^{55}Ji^{35}Daan^{55}$ 안찌딴~

5

어느 나라 사람이세요?

UNIT 1 你係邊國人呀?

nei^{13}hai^{22}bin^{55}gwɔk^{33}yan^{21}aa^{33} 네이 하이 뻰 꿕 얀 아~

어느 나라 사람이세요?

你係邊國人呀? 네이 하이 뻰 꿕 얀 아~

nei^{13}hai^{22}bin^{55}gwɔk^{33}yan^{21}aa^{33}

한국사람 이에요.

我係韓國人。 (응)오 하이 혼 꿕 얀

ngɔ^{13}hai^{22}Hɔn^{21}Gwɔk^{33}Yan^{21}

새로운 단어

★ 邊國 뻰 꿕 bin^{55}gwɔk^{33}	어느 나라	★ 韓國 혼 꿕 Hɔn^{21}Gwɔk^{33}	한국
★ 人 얀 yan^{21}	사람	★ 韓國人 혼 꿕 얀 Hɔn^{21}Gwɔk^{33}Yan^{21}	한국사람
★ 邊國人 뻰 꿕 얀 bin^{55}gwɔk^{33}yan^{21}	어느 나라 사람		

어느 나라 사람이세요?

어느라는 뜻의 **邊** bin^{55} 삔과 나라라는 뜻의 **國** gwɔk^{33} 꿕이 합해진 **邊國** bin^{55}gwɔk^{33} 삔 꿕은 어느 나라라는 뜻이다.
여기에 사람을 뜻하는 **人** yan^{21} 얀이 더해지면 어느 나라 사람이 된다.

한국사람은 한국을 뜻하는 **韓國** Hɔn^{21}Gwɔk^{33} 혼 꿕에 **人** yan^{21} 얀을 합해 **韓國人** Hɔn^{21}Gwɔk^{33}Yan^{21} 혼 꿕 얀이라고 하면 된다.

비행기 기내식

알아두면 좋아요!

人은 yan^{21} 얀 이라고 발음한다. 표준중국어의 yan으로 생각하여 옌으로 발음하지 않도록 주의하자.

UNIT 2 你係唔係香港人呀?

nei¹³hai²²m²¹hai²²Hœng⁵⁵Gɔng³⁵Yan²¹aa³³ 네이 하이 음 하이 횅 꽁 얀 아~

홍콩사람이세요?

你係唔係香港人呀? 네이 하이 음 하이 횅 꽁 얀 아~

nei¹³hai²²m²¹hai²²Hœng⁵⁵Gɔng³⁵Yan²¹aa³³

아니에요, 일본사람이에요.

唔係，我係日本人。 음 하이, (웅)오 하이 얏 뿐 얀

m²¹hai²², ngɔ¹³hai²²Yat²²Bun³⁵Yan²¹

홍콩 국제 공항

새로운 단어

★ 係唔係 하이 음 하이 hai²²m²¹hai²²	~입니까?	★ 唔係 음 하이 m²¹hai²²	~이 아니다
★ 香港 횅 꽁 Hœng⁵⁵Gɔng³⁵	홍콩	★ 日本 얏 뿐 Yat²²Bun³⁵	일본
★ 香港人 횅 꽁 얀 Hœng⁵⁵Gɔng³⁵Yan²¹	홍콩사람	★ 日本人 얏 뿐 얀 Yat²²Bun³⁵Yan²¹	일본사람

홍콩사람이세요?

~이다라는 뜻의 **係** hai^{22} 하이와 ~이 아니다라는 뜻의 **唔係** m^{21}hai^{22} 음하이가 합해진 **係唔係** hai^{22}m^{21}hai^{22} 하이음하이는 ~입니까?라는 뜻이다.

긍정형 **係**와 부정형 **唔係**가 결합되어 의문문으로 사용되는데, 이는 표준중국어의 **是不是** shì bu shì 쓰부쓰에 해당하는 표현이다.

係唔係 hai^{22}m^{21}hai^{22} 하이음하이로 물어볼 때 긍정의 대답은 **係** hai^{22} 하이로, 부정의 대답은 **唔係** m^{21}hai^{22} 음하이로 하면 된다.

알아두면 좋아요!

발음 Tip

홍콩 香港은 광동어로 Hœng^{55}Gɔng^{35} 횅 꽁이라고 한다. 표준중국어는 광동어와 동일한 한자 香港을 쓰지만 발음은 이와 다르게 Xiānggǎng 씨앙강이라고 한다. 영어의 Hong Kong 홍콩은 광동어의 Hœng^{55}Gɔng^{35} 횅 꽁에서 비롯된 것이다.

일본 역시 표준중국어와 동일하게 日本이라고 쓰지만, 발음은 표준중국어 Rìběn 르번과는 전혀 다른 Yat^{22}Bun^{35} 얏 뿐으로 발음한다.

5

UNIT 3

你喺邊度嚟㗎?

nei^{13}hai^{35}bin^{55}dou^{22}lai^{21}gaa^{33} 네이 하이 삔 또우 라이 까~

어디에서 오셨어요?

你喺邊度嚟㗎? 네이 하이 삔 또우 라이 까~

nei^{13}hai^{35}bin^{55}dou^{22}lai^{21}gaa^{33}

미국에서 왔어요.

我喺美國嚟嘅。 (응)오 하이 메이 꿕 라이 께

ngɔ^{13}hai^{35}Mei^{13}Gwɔk^{33}lai^{21}gɛ^{33}

새로운 단어

★ **喺** 하이 hai^{35} — ~에서부터

★ **邊度** 삔 또우 bin^{55}dou^{22} — 어디

★ **嚟** 라이 lai^{21} — 오다

★ **㗎** 까~ gaa^{33} — 과거에 일어난 일을 묻는 조사

★ **嘅** 께 gɛ^{33} — 조사 ('㗎'로 묻는 의문문에 대답할 때 사용함)

어디에서 오셨어요?

喺 hai^{35} 하이는 ~에서부터라는 뜻이다. 이는 표준중국어의 从(從) cóng 총에 해당한다.

邊度 bin^{55}dou^{22} 삔 또우는 어디라는 뜻이므로, 喺邊度 hai^{35}bin^{55}dou^{22} 하이 삔 또우는 어디에서부터라는 뜻이 된다.

앞의 대화처럼 어디에서 왔느냐며 과거에 일어난 일을 물을 때에는 㗎 gaa^{33} 까~를 사용한다. 이에 대한 대답은 대화 에서처럼 嘅 gɛ^{33} 께로 대답하면 된다.

공항고속열차 Airport Express Line
-시내까지 24분 만에 도착한다

알아두면 좋아요!

발음 Tip

오다라는 뜻의 嚟는 lai^{21} 라이 라고 발음하는데, lei^{21} 레이로 발음하기도 한다.

5

UNIT 4

你喺邊度做嘢呀?

nei^{13}hai^{35}bin^{55}dou^{22}jou^{22}yɛ^{13}aa^{33} 네이 하이 삔 또우 쪼우 예 아~

어디에서 일 하시나요?

你喺邊度做嘢呀? 네이 하이 삔 또우 쪼우 예 아~

nei^{13}hai^{35}bin^{55}dou^{22}jou^{22}yɛ^{13}aa^{33}

은행에서 일합니다.

我喺銀行做嘢。 (응)오 하이 (응)안 홍 쪼우 예

ngɔ^{13}hai^{35}ngan^{21}hɔng^{21}jou^{22}yɛ^{13}

새로운 단어

★ **喺** 하이 hai^{35} ~에서

★ **做** 쪼우 jou^{22} 하다

★ **嘢** 예 yɛ^{13} 일

★ **做嘢** 쪼우 예 jou^{22}yɛ^{13} 일을 하다, 근무하다

★ **銀行** (응)안 홍 ngan^{21}hɔng^{21} 은행

어디에서 일 하시나요?

앞 unit에서의 **喺** hai[35] 하이는 **~에서부터**라는 뜻이지만, 이 대화에서의 **喺** hai[35] 하이는 **~에서**라는 뜻이다.

이는 표준중국어의 **在** zài 짜이에 해당한다. 이렇듯 광동어에서 **喺** hai[35] 하이는 **~에서부터, ~에서** 등의 여러 가지 뜻으로 쓰인다.

입 **구(口)部**에 들 **야(野)**자가 합해진 **嘢** yɛ[13] 예는 **일**이라는 뜻으로, 광동어에서만 사용되는 글자이다.

홍콩의 은행

알아두면 좋아요!

발음 Tip

은행銀行에서의 **銀**은 ngan[21] (응)안으로 발음되는데, 이 역시 **我** ngɔ[13] (응)오와 마찬가지로 ng 성모에 해당한다.

ngan[21]의 한국어 발음표기를 부득이하게 **(응)안**이라고 하였지만, 두 음절의 **응/안**이 아닌 콧소리를 동반한 한 음절의 **안**으로 읽도록 하자.

UNIT 5 佢係唔係醫生呀?

köü^{13}hai^{22}m^{21}hai^{22}i^{55}sang^{55}aa^{33} 코위 하이 음 하이 이 쌍 아~

그 사람 의사예요?

佢係唔係醫生呀? 코위 하이 음 하이 이 쌍 아~

köü^{13}hai^{22}m^{21}hai^{22}i^{55}sang^{55}aa^{33}

네, 그 사람 의사예요.

係呀，佢係醫生。 하이 아~, 코위 하이 이 쌍

hai^{22}aa^{33}, köü^{13}hai^{22}i^{55}sang^{55}

새로운 단어

★ **醫生** 이 쌍 i^{55}sang^{55} — 의사

★ **呀** 아~ aa^{33} — 조사 서술문의 끝에 쓰여 문장의 어감을 부드럽게 함

★ **係呀** 하이 아~ hai^{22}aa^{33} — 네, 그렇습니다

그 사람 의사예요?

앞의 여러 대화들을 공부하면서, 한 가지 특이한 점을 발견할 수 있을 것이다. 바로 의문문에는 빠짐없이 **呀** aa^{33} 아~가 사용된다는 것인데, 이는 어감을 부드럽게 해주는 역할을 한다.

이 **呀** aa^{33} 아~는 이처럼 의문문뿐만 아니라 서술문에도 사용되어 문장의 어감을 부드럽게 한다.

예를 들어 앞의 대화 에서처럼 의문문에도 사용되고, 대화 에서처럼 서술문에도 사용된다.

알아두면 좋아요!

발음 Tip

의사라는 뜻의 醫生은 광동어에서 i^{55}sang^{55} 이 쌍이라고 발음한다.
표준중국어에서는 광동어와 똑같은 한자 醫生을 쓰긴 하지만, 발음은 이와는 조금 다르게 yī shēng 이 셩이라고 한다.

회화에 필요한 알짜 문법

1 ~이다

係 hai^{22} 하이

주로 A 係 B의 형식으로 사용된다.
부정형은 係 대신 唔係 m^{21}hai^{22} 음 하이를 사용하여 A 唔係 B의 형식으로 쓴다.

긍정형	A + 係 + B ~이다	A는 B이다
부정형	A + 唔係 + B ~이 아니다	A는 B가 아니다

예

긍정형 佢係醫生。 코위 하이 이 쌍 — 그 사람은 의사예요.
köü^{13}hai^{22}i^{55}sang^{55}

부정형 佢唔係醫生。 코위 음 하이 이 쌍 — 그 사람은 의사가 아니에요.
köü^{13}m^{21}hai^{22}i^{55}sang^{55}

2 ~입니까?

係唔係? 하이 음 하이
hai^{22}m^{21}hai^{22}

~이다라는 뜻의 係 hai^{22} 하이와 ~이 아니다라는 뜻의 唔係 m^{21}hai^{22} 음 하이가 합해지면 係唔係? hai^{22}m^{21}hai^{22} 하이 음 하이 ~입니까?라는 의문문을 만들게 된다.

A + 係唔係 + B — A는 B입니까?
~입니까?

예 你係唔係香港人呀? 네이 하이 음 하이 행 꽁 얀 아~ (당신은) 홍콩사람 인가요?

$nei^{13}hai^{22}m^{21}hai^{22}Hœng^{55}Gɔng^{35}Yan^{21}aa^{33}$

3 ~에서부터, ~에서

喺 hai^{35} 하이

喺 hai^{35} 하이는 ~에서(부터) 또는 ~에서라는 뜻이다.
A + 喺 + B(장소) + 동사의 형태로 쓰여
A는 B에서부터 ~ 하다의 뜻으로도 사용되고,
A는 B에서 ~을 하다라는 뜻으로도 사용된다.

A + 喺 + B(장소) + 동사

① ~에서부터	~하다	A는 B에서(부터) ~하다
② ~에서	~을 하다	A는 B에서 ~을 하다

예 ① 我喺美國嚟嘅。(응)오 하이 메이 꿕 라이 께 저는 미국에서 왔어요.

$ngɔ^{13}hai^{35}Mei^{13}Gwɔk^{33}lai^{21}gɛ^{33}$

② 我喺銀行做嘢。(응)오 하이 (응)안 홍 쪼우 예 저는 은행에서 일합니다.

$ngɔ^{13}hai^{35}ngan^{21}hɔng^{21}jou^{22}yɛ^{13}$

응용①

저는
한국사람이에요.

我係韓國人。 (응)오 하이 혼 꿕 얀

ngɔ13 hai22 Hɔn21 Gwɔk33 Yan21

① 中國人 쫑 꿕 얀 Jong55 Gwɔk33 Yan21 중국사람
② 英國人 옝 꿕 얀 Yeng55 Gwɔk33 Yan21 영국사람
③ 法國人 팟~ 꿕 얀 Faat33 Gwɔk33 Yan21 프랑스사람

응용②

저는 은행에서
일합니다.

我喺銀行做嘢。 (응)오 하이 (응)안 홍 쪼우 예

ngɔ13 hai35 ngan21 hɔng21 jou22 yɛ13

① 公司 꽁 씨 gong55 si55 회사
② 酒店 짜우 띰 jau35 dim33 호텔
③ 醫院 이 윈 i55 ün35 병원

응용③

그 사람은 의사예요.

佢係醫生。 코위 하이 이 쌍

köü13 hai22 i55 sang55

① 學生 혹 쌍~ hɔk22 saang55 학생
② 律師 롯 씨 löt22 si55 변호사
③ 歌手 꼬 싸우 gɔ55 sau35 가수

알고 싶은 HONGKONG

홍콩의 시차

중국대륙과 마찬가지로 홍콩과 마카오는 우리나라보다 1시간이 늦어요.
즉 한국의 2시는 홍콩의 1시입니다.

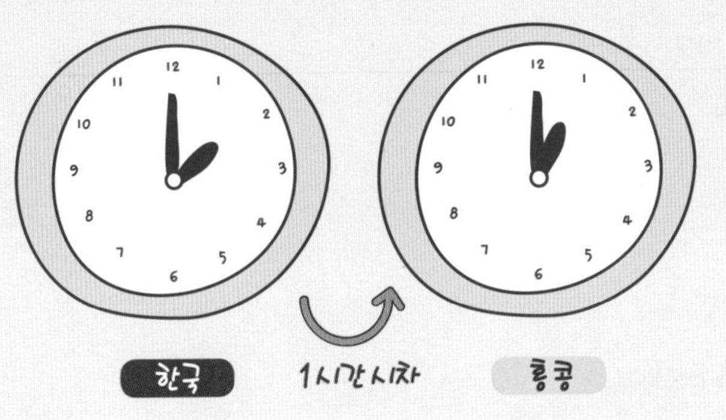

한국에서 홍콩까지의 비행 시간은 약 4시간인데, 출발시간과 도착시간만 놓고 본다면 한국에서 홍콩은 3시간 홍콩에서 한국은 5시간이 걸립니다.

한국에서 홍콩으로 2시에 출발한다면(한국 → 홍콩)
홍콩시간으로는 5시(한국 시간 6시)에 도착하고,
홍콩에서 한국으로 2시에 출발한다면(홍콩 → 한국)
한국시간으로는 7시(홍콩 시간 6시)에 도착하게 됩니다.

항공권에 쓰인 출발 시간과 도착 시간은 각각 현지 시간이므로, 출발시간과 도착시간을 모두 한국 시간으로 계산하거나 홍콩 시간으로 계산해서 일정에 차질이 생기는 일이 없도록 주의 해야해요.

도착시간이 1시간 빨라지는거네~

그럼 돌아올 때 도착시간은 한국 시간으로 6시가 아니라 7시인거야~

6 여동생이 있으세요?

UNIT 1 你有冇細妹呀?

nei[13]yau[13]mou[13]sai[33]mui[35]aa[33] 네이 야우 모우 싸이 무이 아~

여동생이 있으세요?

你有冇細妹呀? 네이 야우 모우 싸이 무이 아~

nei[13]yau[13]mou[13]sai[33]mui[35]aa[33]

네, 저는 여동생이 있어요.

有，我有細妹。 야우, (응)오 야우 싸이 무이

yau[13], ngɔ[13]yau[13]sai[33]mui[35]

아니오, 저는 여동생이 없어요.

冇，我冇細妹。 모우, (응)오 모우 싸이 무이

mou[13], ngɔ[13]mou[13]sai[33]mui[35]

새로운 단어

- 有 야우 yau[13] 있다
- 冇 모우 mou[13] 없다
- 有冇～? 야우 모우 yau[13]mou[13] ~이 있습니까?
- 細妹 싸이 무이 sai[33]mui[35] 여동생

여동생이 있으세요?

있을 **유(有)**에서 가운데 두 획을 생략한 **冇** mou^{13} 모우는 광동어에서만 쓰이는 글자로 **없다**라는 뜻이다.

있다는 뜻의 **有** yau^{13} 야우와 **없다**라는 뜻의 **冇** mou^{13} 모우가 합해진 **有冇** yau^{13}mou^{13} 야우 모우는 **~이 있습니까?**라는 뜻이다.

① **有冇** yau^{13}mou^{13} 야우 모우는 **係唔係** hai^{22} m^{21} hai^{22} 하이 음 하이 ~입니까?와 마찬가지로 긍정형(**有**)과 부정형(**冇**)을 합해 의문문을 형성한 것이다. 5과 **係唔係**에서 살펴보았습니다.

② 이 역시 긍정의 대답은 **有** yau^{13} 야우로 부정의 대답은 **冇** mou^{13} 모우로 한다.

6

UNIT 2

你結咗婚未呀?

nei^{13}git^{33}jɔ^{35}fan^{55}mei^{22}aa^{33} 네이 낏 쪼 판 메이 아~

결혼 하셨나요?

你結咗婚未呀? 네이 낏 쪼 판 메이 아~

nei^{13}git^{33}jɔ^{35}fan^{55}mei^{22}aa^{33}

결혼했어요.

結咗喇。 낏 쪼 라~

git^{33}jɔ^{35}laa^{33}

아직 안 했어요.

未呀。 메이 아~

mei^{22}aa^{33}

새로운 단어

단어	뜻	단어	뜻
★ 結婚 낏 판 git^{33}fan^{55}	결혼하다	★ ~咗~未? 쪼 메이 ~jɔ^{35}~mei^{22}	~ 했습니까?
★ 咗 쪼 jɔ^{35}	동사 뒤에 쓰여 동작이 완성됨을 나타냄	★ 結咗婚未? 낏 쪼 판 메이 git^{33}jɔ^{35}fan^{55}mei^{22}	결혼 했습니까?
★ 結咗(婚) 낏 쪼 판 git^{33}jɔ^{35}fan^{55}	결혼했다	★ 喇 라~ laa^{33}	조사 문장 끝에 쓰여 상황을 강조함
★ ~未? 메이 ~mei^{22}	의문을 나타내는 조사	★ 未 메이 mei^{22}	아직 ~하지 않다

결혼 하셨나요?

결혼하다는 광동어로 **結婚** git[33]fan[55] 낏판이라고 한다. 여기에 결혼을 했다와 같이 동작의 완성을 나타낼 때에는 **咗** jɔ[35] 쪼를 사용해 **結咗婚** git[33]jɔ[35]fan[55] 낏 쪼 판이라고 한다.

주의해야 할 점은 **結婚** git[33]fan[55] 낏판에 **咗** jɔ[35] 쪼를 결합해 **結婚咗**라고 하면 안 된다.
표준중국어는 **結婚了** jié hūn le 지에 후언 러와 같이 **結婚** jié hūn 지에 후언 다음에 완성을 나타내는 **了** le 러가 올 수 있지만, 광동어는 이와는 다르게 **結婚** git[33]fan[55] 낏판 다음에 완성을 나타내는 **咗** jɔ[35] 쪼가 올 수 없기 때문이다.

結咗婚未? git[33]jɔ[35]fan[55]mei[22] 낏 쪼 판 메이는 결혼 했는지의 여부를 물을 때 쓰는 표현이다. 결혼을 했으면 **結咗喇** git[33] jɔ[35] laa[33] 낏 쪼 라~ 하지 않았으면 **未呀** mei[22]aa[33] 메이 아~ 라고 대답하면 된다.

문화 Tip

주의해야 할 주제.. 결혼

홍콩에서는 친하지 않은 사람에게 결혼했는지를 물어보는 것은 실례가 될 수 있다.
한국에서는 처음 만나는 사람에게도 아무렇지 않게 결혼했는지를 물어보지만 홍콩에서는 무례하게 보일 수 있으니 주의해야 한다.

6

UNIT 3

你有幾多個仔女呀?

nei^{13} yau^{13} gei^{35} dɔ^{55} gɔ^{33} jai^{35} nöü^{35}aa^{33} 네이 야우 게이 또 꼬 짜이 노위 아~

자녀가 몇 명 있으신가요?

你有幾多個仔女呀? 네이 야우 게이 또 꼬 짜이 노위 아~

nei^{13}yau^{13}gei^{35}dɔ^{55}gɔ^{33}jai^{35}nöü^{35}aa^{33}

아들 하나, 딸 하나 있어요.

我有一個仔一個女。 (응)오 야우 얏 꼬 짜이 얏 꼬 노위

ngɔ^{13}yau^{13}yat^{55}gɔ^{33}jai^{35}yat^{55}gɔ^{33}nöü^{35}

새로운 단어

★ **幾多** 께이 또 몇
gei^{35}dɔ^{55}

★ **幾多個** 께이 또 꼬 몇 명
gei^{35}dɔ^{55}gɔ^{33}

★ **仔女** 짜이 노위 자녀
jai^{35}nöü^{35}

★ **一** 얏 1, 하나
yat^{55}

★ **一個** 얏 꼬 한 명
yat^{55}gɔ^{33}

★ **仔** 짜이 아들
jai^{35}

★ **女** 노위 딸
nöü^{35}

자녀가 몇 명 있으신가요?

幾多 gei^{35}dɔ^{55} 께이 또는 **몇?**이라는 뜻이다. 여기에 **個** gɔ^{33} 꼬 **명** 이라는 단어를 더하여 **幾多個** gei^{35}dɔ^{55}gɔ^{33} 께이 또 꼬 라고 하면 **몇 명?**이라는 뜻이 된다.

광동어에서 **아들**은 仔 jai^{35} 짜이, **딸**은 女 nöü^{35} 노위, **자녀**는 仔女 jai^{35}nöü^{35} 짜이 노위 라고 한다. 참고로 표준중국어에서 아들은 兒子 érzi 얼즈, 딸은 女兒 nǚ'ér 뉘얼, 자녀는 子女 zǐnǚ 즈뉘 라고 한다.

해양공원 Ocean Park

6

UNIT 4

你屋企有乜嘢人呀?

nei^{13}ok^{55}kei^{35}yau^{13}mat^{55}yɛ^{13}yan^{21}aa^{33} 네이 옥 케이 야우 맛 예 얀 아~

너희 집에 누구누구 있니?

你屋企有乜嘢人呀? 네이 옥 케이 야우 맛 예 얀 아~

nei^{13}ok^{55}kei^{35}yau^{13}mat^{55}yɛ^{13}yan^{21}aa^{33}

아빠, 엄마, 오빠 한 명과 언니 한 명이 있어.

我屋企有爸爸，媽媽，一個大佬，同一個家姐。

(웅)오 옥 케이 야우 빠~빠~, 마~마~, 얏 꼬 따~이 로우, 퉁 얏 꼬 까~ 쩨

ngɔ^{13}ok^{55}kei^{35}yau^{13}baa^{21}baa^{55}, maa^{21}maa^{55}, yat^{55}gɔ^{33}daai^{22}lou^{35}, tong^{21}yat^{55}gɔ^{33}gaa^{55}jɛ^{55}

새로운 단어

- ★ 屋企 옥 케이 ok^{55}kei^{35} — 집
- ★ 乜嘢人 맛 예 얀 mat^{55}yɛ^{13}yan^{21} — 어떤 사람, 누구
- ★ 爸爸 빠~ 빠~ baa^{21}baa^{55} — 아빠
- ★ 媽媽 마~ 마~ maa^{21}maa^{55} — 엄마
- ★ 大佬 따~이 로우 daai^{22}lou^{35} — 형, 오빠
- ★ 同 퉁 tong^{21} — ~와
- ★ 家姐 까~ 쩨 gaa^{55}jɛ^{55} — 누나, 언니

너희 집에 누구누구 있니?

屋企 ok^{55}kei^{35} 옥케이는 집이라는 뜻이다. 또한 **乜嘢** mat^{55}yɛ^{13} 맛예 무엇에 **人** yan^{21} 얀 사람이 결합된 **乜嘢人** mat^{55}yɛ^{13}yan^{21} 맛예얀은 어떤 사람, 누구라는 뜻이다.

앞의 대화에서처럼 가족 구성원이 어떻게 되는지를 물어볼 때는 **乜嘢人** mat^{55}yɛ^{13}yan^{21} 맛예얀을 사용하여 표현한다.

同 tong^{21}통은 ~와라는 뜻으로 영어의 and, 표준중국어의 **和** hé 허에 해당한다.

홍콩의 아파트

你細佬幾多歲呀?

nei^{13}sai^{33}lou^{35}gei^{35}dɔ^{55}söü^{33}aa^{33} 네이 싸이 로우 께이 또 쏘위 아~

너희 남동생 몇 살이니?

 **你細佬幾多歲呀?** 네이 싸이 로우 께이 또 쏘위 아~

nei^{13}sai^{33}lou^{35}gei^{35}dɔ^{55}söü^{33}aa^{33}

열다섯 살이야.

 **十五歲。** 쌉 응 쏘위

sap^{22}ng^{13}söü^{33}

새로운 단어

★ **細佬** 싸이 로우 — 남동생
sai^{33}lou^{35}

★ **幾多歲** 께이 또 쏘위 — 몇 살
gei^{35}dɔ^{55}söü^{33}

★ **十五** 쌉 응 — 15, 열다섯
sap^{22}ng^{13}

★ **十五歲** 쌉 응 쏘위 — 15세, 열다섯 살
sap^{22}ng^{13}söü^{33}

너희 남동생 몇 살이니?

몇을 나타내는 **幾多** gei[35]do[55] 께이 또에 나이를 뜻하는 **歲** söü[33] 쏘위 살가 합해지면 몇 살?이라는 뜻이다.

나이를 말할 때는 해당 숫자 뒤에 **歲** söü[33] 쏘위를 붙이면 된다.

홍콩의 시장골목

회화에 필요한 알짜 문법

1 ~이 있습니까? 有冇 yau13mou13 야우 모우

有 yau13 야우는 ~이 있다라는 뜻이고 冇 mou13 모우는 ~이 없다라는 뜻이다. 긍정형의 有 yau13 야우와 부정형의 冇 mou13 모우가 합해진 有冇 yau13mou13 야우 모우는 ~이 있습니까?라는 뜻이다.

		有	있다					있다
A	+	冇	없다	+	B	⋯>	A는 B가	없다
		有冇	있습니까?					있습니까?

예 我有細妹。(응)오 야우 싸이 무이 — 저는 여동생이 있습니다.
ngɔ13yau13sai33mui35

我冇細妹。(응)오 모우 싸이 무이 — 저는 여동생이 없습니다.
ngɔ13mou13sai33mui35

你有冇細妹呀? 네이 야우 모우 싸이 무이 아~ — (당신은) 여동생이 있습니까?
nei13yau13mou13sai33mui35aa33

2 결혼 結婚 git33fan55 낏 판

결혼 結婚 git33fan55 낏 판이라는 단어는 結 맺다 git33 낏이라는 동사와 婚 혼인 fan55 판이라는 목적어가 결합되어 이루어졌다. 결혼 했습니까?라고 묻는 표현은 동사인 結 git33 낏과 목적어인 婚 fan55 판 사이에 동작의 완성을 나타내는 조사 咗 jɔ35 쪼를 쓰고 문장의 맨 끝에 의문을 나타내는 조사 未 mei22 메이를 쓰면 된다. 문장의 구조는 아래와 같다.

A + 結 + 咗 + 婚 + 未? A는 ~했습니까?

동사 동작의 완성 목적어 의문

예 你結咗婚未呀? 네이 낏 쪼 판 메이 아~ (당신은) 결혼 하셨습니까?
nei[13]git[33]jɔ[35]fan[55]mei[22]aa[33]

3 몇 명
幾多個 gei[35]dɔ[55]gɔ[33]
께이 또 꼬

몇 명을 뜻하는 **幾多個** gei[35]dɔ[55]gɔ[33] 께이 또 꼬에 명사가 결합되면 **몇 명의 ~?**가 된다.
幾多個 gei[35]dɔ[55]gɔ[33] 께이 또 꼬 앞에 ~이 있다, ~을 가지고 있다라는 뜻의 **有** yau[13] 야우가 합해지면 **몇 명의 ~이 있습니까?**가 된다.

A + 有 + 幾多個 + 명사 A는 몇 명의 ~이 있습니까?

(가지고) 있다 몇 명

예 你有幾多個仔女呀? 네이 야우 께이 또 꼬 짜이 노위 아~ (당신은) 자녀가 몇 명 있으신가요?
nei[13]yau[13]gei[35]dɔ[55]gɔ[33]jai[35]nöü[35]aa[33]

응용①

여동생이 있으세요?

你有冇**細妹**呀? 네이 야우 모우 싸이 무이 아~

nei[13]yau[13]mou[13]sai[33]mui[35]aa[33]

① 細蚊仔 **싸이 만 짜이** 아이, 자녀
sai[33]man[55]jai[35]

② 女朋友 **노위 팡 야우** 여자친구
nöü[13]pang[21]yau[13]

③ 男朋友 **남~ 팡 야우** 남자친구
naam[21]pang[21]yau[13]

응용②

저는 아들 하나와
딸 하나가 있어요.

我有**一個仔一個女**。(응)오 야우 얏 꼬 짜이 얏 꼬 노위

ngɔ[13]yau[13]yat[55]gɔ[33]jai[35]yat[55]gɔ[33]nöü[35]

① 屋企人 **옥 케이 얀** 가족
ok[55]kei[35]yan[21]

② 阿爺 **아~ 예** 할아버지
aa[33]yɛ[21]

③ 阿嫲 **아~ 마~** 할머니
aa[33]maa[21]

응용③

열다섯 살입니다.

十五歲。 쌉 응 쏘위

sap[22]ng[13]söü[33]

① 二十四歲 **이 쌉 쎄이 쏘위** 스물네 살
i[22]sap[22]sei[33]söü[33]

② 三十九歲 **쌈~ 쌉 까우 쏘위** 서른아홉 살
saam[55]sap[22]gau[35]söü[33]

③ 六十七歲 **록 쌉 찻 쏘위** 예순일곱 살
lok[22]sap[22]chat[55]söü[33]

알고 싶은 HONGKONG 香港

행운의 숫자, 불길한 숫자

요즘은 그런 경향이 많이 없어졌지만, 우리나라에서는 1980~90년대만 하더라도 4는 죽을 사(死)자와 발음이 같아 불길하다고 여겼다.

건물의 엘리베이터에는 4자 대신 F를 썼고, 아예 4층이나 4호를 쓰지 않고 3층에서 바로 5층이 되거나 3호에서 5호로 건너뛰는 경우도 있었다.

5 

홍콩은 이러한 경향이 매우 강해서 4 뿐만 아니라 다른 숫자들, 특히 두세 개 결합된 숫자들의 발음에 대해 무척 신경을 쓰고 있답니다.

어떠한 숫자들이 좋은 뜻과 발음이 비슷한지, 어떠한 숫자들이 나쁜 뜻과 발음이 비슷한지를 고려해서 전화번호나 자동차 번호를 선택할 때, 불길한 느낌의 숫자는 피하고 행운을 가져다주는 숫자는 선택해서 사용하고 있다.

행운의 숫자

28 이 빳~ i^{22}baat^{33}	쉽게 부자가 되다 易發 이 팟~ i^{22}faat^{33}
118 얏 얏 빳~ yat^{55}yat^{55}baat^{33}	날마다 돈을 벌다 日日發 얏 얏 팟~ yat^{22}yat^{22}faat^{33}
168 얏 록 빳~ yat^{55}lok^{22}baat^{33}	줄곧 돈을 벌다 一路發 얏 로우 팟~ yat^{55}lou^{22}faat^{33}
328 쌈~ 이 빳~ saam^{55}i^{22}baat^{33}	사업이 번창하다 生意發 쌍~ 이 팟~ saang^{55}i^{33}faat^{33}

불길한 숫자

4 쎄이 sei^{33}	죽다 死 쎄이 sei^{35}
14 쌉 쎄이 sap^{22}sei^{33}	확실하게 죽다 實死 쌋 쎄이 sat^{22}sei^{35}
24 이 쎄이 i^{22}sei^{33}	쉽게 죽다 易死 이 쎄이 i^{22}sei^{35}
164 얏 록 쎄이 yat^{55}lok^{22}sei^{33}	줄곧 죽다 一路死 얏 로우 쎄이 yat^{55}lou^{22}sei^{35}

				4
零 렝 영 leng^{21}	一 얏 일 yat^{55}	二 이 이 i^{22}	三 쌈~ 삼 saam^{55}	四 쎄이 사 sei^{33}
5	6	7	8	9
五 응 오 ng^{13}	六 록 육 lok^{22}	七 찻 칠 chat^{55}	八 빳~ 팔 baat^{33}	九 까우 구 gau^{35}
10	11	12	20	30
十 쌉 십 sap^{22}	十一 쌉 얏 십일 sap^{22}yat^{55}	十二 쌉 이 십이 sap^{22}i^{22}	二十 이 쌉 이십 i^{22}sap^{22}	三十 쌈~ 쌉 삼십 saam^{55}sap^{22}

100	200	1,000	10,000
一百 얏 빡~ (일)백 yat^{55}baak^{33}	二百 이 빡~ 이백 i^{22}baak^{33}	一千 얏 친 (일)천 yat^{55}chin^{55}	一萬 얏 만~ (일)만 yat^{55}maan^{22}

할아버지

阿爺 아~ 예

aa33yɛ21

할머니

阿嫲 아~ 마~

aa33maa21

외할아버지

阿公 아~ 꽁

aa33gong55

외할머니

阿婆 아~ 포

aa33pɔ21

아빠

爸爸 빠~ 빠~

baa21baa55

엄마

媽媽 마~ 마~

maa21maa55

나

我 (응)오

ngɔ13

- **大佬** 따~이 로우 형, 오빠
  daai22lou35
- **家姐** 까~ 쩨 누나, 언니
  gaa55jɛ55

남동생

細佬 싸이 로우

sai33lou35

여동생

細妹 싸이 무이

sai33mui35

7

오늘은 몇 월 며칠인가요?

UNIT 1 今年係幾多年呀?

gam^{55}nin^{21}hai^{22}gei^{35}dɔ^{55}nin^{21}aa^{33} 깜 닌 하이 께이 또 닌 아~

올해는 몇 년도인가요?

今年係幾多年呀? 깜 닌 하이 께이 또 닌 아~

gam^{55}nin^{21}hai^{22}gei^{35}dɔ^{55}nin^{21}aa^{33}

올해는 2014년이에요.

今年係二零一四年。 깜 닌 하이 이 렝 얏 쎄이 닌

gam^{55}nin^{21}hai^{22}i^{22}leng^{21}yat^{55}sei^{33}nin^{21}

새로운 단어

- ★ **今年** 깜 닌 gam^{55}nin^{21} — 올해, 금년
- ★ **幾多年** 께이 또 닌 gei^{35}dɔ^{55}nin^{21} — 몇 년, 몇 년도
- ★ **二** 이 i^{22} — 2, 이
- ★ **零** 렝 leng^{21} — 0, 영
- ★ **四** 쎄이 sei^{33} — 4, 사
- ★ **年** 닌 nin^{21} — 년, 해
- ★ **二零一四年** 이 렝 얏 쎄이 닌 i^{22}leng^{21}yat^{55}sei^{33}nin^{21} — 2014년

올해는 몇 년도인가요?

幾多 gei^{35}dɔ^{55}께이또 몇에 년(年), 해를 나타내는 **年** nin^{21} 닌이 합해지면 몇 년도라는 뜻이 된다.

연도를 말할 때는 표준중국어와 마찬가지로 각각의 숫자를 하나하나씩 읽으면 된다.

홍콩섬을 달리고 있는 트램, 이층버스, 자동차

7

UNIT 2

今日係幾月幾號呀?

$gam^{55}yat^{22}hai^{22}gei^{35}üt^{22}gei^{35}hou^{22}aa^{33}$ 깜 얏 하이 께이 윗 께이 호우 아

오늘은 몇 월 며칠인가요?

今日係幾月幾號呀? 깜 얏 하이 께이 윗 께이 호우 아~

$gam^{55}yat^{22}hai^{22}gei^{35}üt^{22}gei^{35}hou^{22}aa^{33}$

오늘은 11월 27일이에요.

今日係十一月二十七號。 깜 얏 하이 쌉 얏 윗 이 쌉 찻 호우

$gam^{55}yat^{22}hai^{22}sap^{22}yat^{55}üt^{22}i^{22}sap^{22}chat^{55}hou^{22}$

새로운 단어

★ 今日 깜 얏 오늘
$gam^{55}yat^{22}$

★ 幾 께이 몇
gei^{35}

★ 月 윗 월, 달
$üt^{22}$

★ 幾月 께이 윗 몇 월
$gei^{35}üt^{22}$

★ 號 호우 일, 날짜
hou^{22}

★ 幾號 께이 호우 며칠
$gei^{35}hou^{22}$

★ 幾月幾號 께이 윗 께이 호우 몇 월 며칠
$gei^{35}üt^{22}gei^{35}hou^{22}$

★ 十一 쌉 얏 11, 열 하나
$sap^{22}yat^{55}$

★ 十一月 쌉 얏 윗 11월
$sap^{22}yat^{55}üt^{22}$

★ 二十七 이 쌉 찻 27, 스물일곱
$i^{22}sap^{22}chat^{55}$

★ 二十七號 이 쌉 찻 호우 27일
$i^{22}sap^{22}chat^{55}hou^{22}$

오늘은 몇 월 며칠인가요?

몇 월 며칠인지를 물을 때는 **幾月幾號?** gei[35]üt[22]gei[35]hou[22] 께이 윗 께이 호우라고 한다.

월을 말할 때는 숫자 뒤에 **月** üt[22] 윗, 일을 말할 때는 숫자 뒤에 **號** hou[22] 호우를 붙여주면 된다.

홍콩섬 경관

7

UNIT 3

今日係星期幾呀?

gam[55]yat[22]hai[22]seng[55]kei[21]gei[35]aa[33] 깜 얏 하이 쎙 케이 께이 아~

오늘은 무슨 요일인가요?

今日係星期幾呀? 깜 얏 하이 쎙 케이 께이 아~

gam[55]yat[22]hai[22]seng[55]kei[21]gei[35]aa[33]

오늘은 월요일이에요.

今日係星期一。 깜 얏 하이 쎙 케이 얏

gam[55]yat[22]hai[22]seng[55]kei[21]yat[55]

새로운 단어

- **星期** 쎙 케이 seng[55]kei[21] 주, 요일
- **星期幾** 쎙 케이 께이 seng[55]kei[21]gei[35] 무슨 요일
- **星期一** 쎙 케이 얏 seng[55]kei[21]yat[55] 월요일

오늘은 무슨 요일인가요?

요일을 말할 때는 **星期** $seng^{55}kei^{21}$ 쎙 케이 뒤에 숫자 **一**부터 **六**까지 순서대로 붙여 주면 된다.

① **즉**, **월요일**은 **星期一** $seng^{55}kei^{21}yat^{55}$ 쎙 케이 얏, 화요일은 **星期二** $seng^{55}kei^{21}i^{22}$ 쎙 케이 이, 목요일은 **星期四** $seng^{55}kei^{21}sei^{33}$ 쎙 케이 쎄이, 토요일은 **星期六** $seng^{55}kei^{21}lok^{22}$ 쎙 케이 록이라고 한다. P127 요일 참고

② **이**는 표준중국어의 용법과 일치한다.
하지만 일요일은 **星期天**과 **星期日**을 모두 사용하는 표준중국어와는 달리 **星期日** $seng^{55}kei^{21}yat^{22}$ 쎙 케이 얏 하나만 사용한다.

홍콩의 사원

7

UNIT 4

今日係禮拜幾呀?

gam[55]yat[22]hai[22]lai[13]baai[33]gei[35]aa[33] 깜 얏 하이 라이 빠~이 께이 아~

오늘은 무슨 요일인가요?

今日係禮拜幾呀? 깜 얏 하이 라이 빠~이 께이 아~
gam[55]yat[22]hai[22]lai[13]baai[33]gei[35]aa[33]

오늘은 일요일이에요.

今日係禮拜日。 깜 얏 하이 라이 빠~이 얏
gam[55]yat[22]hai[22]lai[13]baai[33]yat[22]

새로운 단어

- 禮拜 라이 빠~이 lai[13]baai[33] — 주, 요일
- 禮拜幾 라이 빠~이 께이 lai[13]baai[33]gei[35] — 무슨 요일
- 禮拜日 라이 빠~이 얏 lai[13]baai[33]yat[22] — 일요일

오늘은 무슨 요일인가요?

요일을 표현하는 방법은,
앞 unit에서 살펴본 **星期** seng^{55}kei^{21} 쎙 케이 이외에 **禮拜** lai^{13}baai^{33} 라이 빠~이도 있다.

星期 seng^{55}kei^{21} 쎙 케이와 마찬가지로 월요일부터 토요일은 **禮拜** lai^{13}baai^{33} 라이 빠~이에 숫자 一부터 六까지 순서대로 붙여주면 되고, 일요일은 **禮拜** lai^{13}baai^{33} 라이 빠~이에 **日** yat^{22} 얏을 붙여주면 된다. P127 요일 참고

홍콩의 번화가

7

UNIT **5** 你幾時生日呀?

nei^{13}gei^{35}si^{21}saang^{55}yat^{22}aa^{33} 네이 꼐이 씨 쌍~ 얏 아~

너 생일 언제니?

 你幾時生日呀? 네이 꼐이 씨 쌍~ 얏 아~

nei^{13}gei^{35}si^{21}saang^{55}yat^{22}aa^{33}

내 생일은 3월 14일이야.

 我三月十四號生日。 (응)오 쌈~ 윗 쌉 쎄이 호우 쌍~ 얏

ngɔ^{13}saam^{55}üt^{22}sap^{22}sei^{33}hou^{22}saang^{55}yat^{22}

새로운 단어

★ 幾時 께이 씨 gei^{35}si^{21}	언제	★ 三月 쌈~ 윗 saam^{55}üt^{22}	3월
★ 生日 쌍~ 얏 saang^{55}yat^{22}	생일	★ 十四 쌉 쎄이 sap^{22}sei^{33}	14, 열 넷
★ 三 쌈~ saam^{55}	3, 셋	★ 十四號 쌉 쎄이 호우 sap^{22}sei^{33}hou^{22}	14일

너 생일 언제니?

幾時 gei^{35}si^{21} 께이씨는 언제라는 뜻이고, **生日** saang^{55}yat^{22} 쌍~얏은 생일이라는 뜻이다.

幾時 gei^{35}si^{21} 께이씨에 **生日** saang^{55}yat^{22} 쌍~얏이 결합된 **幾時生日** gei^{35}si^{21}saang^{55}yat^{22} 께이씨쌍~얏은 생일이 언제인지를 물어보는 표현이다.

대답할 때는 날짜를 먼저 말한 뒤에 **生日** saang^{55}yat^{22} 쌍~얏을 말하면 된다.

홍콩의 커피 전문점 내부

회화에 필요한 알짜 문법

1 몇 년도

幾多年 $gei^{35}dɔ^{55}nin^{21}$
께이 또 닌

몇이라는 뜻의 **幾多** $gei^{35}dɔ^{55}$ 께이 또와 년(도)를 나타내는 **年** nin^{21} 닌이 결합되면 **몇 년도**라는 뜻이 된다.

今年 + 係 + 幾多 + 年?
올해 ~이다 몇 년(도)

올해는 몇 년도입니까?

예 今年係幾多年呀? 깜 닌 하이 께이 또 닌 아~ 올해는 몇 년도인가요?
$gam^{55}nin^{21}hai^{22}gei^{35}dɔ^{55}nin^{21}aa^{33}$

2 몇 월 며칠

幾月幾號 $gei^{35}üt^{22}gei^{35}hou^{22}$

몇 월 며칠인가를 물어볼 때는 **몇**을 나타내는 **幾** gei^{35} 께이에 각각 **月** $üt^{22}$ 윗 **월**과 **號** hou^{22} 호우 **일**을 붙여 **幾月幾號** $gei^{35}üt^{22}gei^{35}hou^{22}$ 께이 윗 께이 호우라고 하면 된다.

今日 + 係 + 幾 + 月 + 幾 + 號?
오늘 ~이다 몇 월 몇 일

오늘은 몇 월 며칠입니까?

예 今日係幾月幾號呀? 깜 얏 하이 께이 윗 께이 호우 아~ 오늘은 몇 월 며칠인가요?
$gam^{55}yat^{22}hai^{22}gei^{35}üt^{22}gei^{35}hou^{22}aa^{33}$

3 언제

幾時 gei[35]si[21]
께이 씨

幾時 gei[35]si[21] 께이 씨는 **언제**라는 뜻인데, 여기에 **生日** saang[55]yat[22] 쌍~ 얏 **생일**이 결합되면 생일이 언제인지를 물어보는 표현이 된다.

우리말 어순처럼 **生日**(생일) + **幾時**(언제)라고 하지 않는다.

A + 幾時 + 生日 ? A는 생일이 언제입니까?
(幾時: 언제 / 生日: 생일)

예 **你幾時生日呀?** 네이 께이 씨 쌍~ 얏 아~ 너 생일이 언제니?
nei[13]gei[35]si[21]saang[55]yat[22]aa[33]

단어 바꿔 말하기!

응용①

올해는 2012년이에요.

今年係二零一二年。 깜 닌 하이 이 렝 얏 이 닌

gam^{55}nin^{21}hai^{22}i^{22}leng^{21}yat^{55}i^{22}nin^{21}

① 一九七三年 얏 까우 찻 쌈~ 닌 — 1973년
yat^{55}gau^{35}chat^{55}saam^{55}nin^{21}

② 二零零八年 이 렝 렝 빳~ 닌 — 2008년
i^{22}leng^{21}leng^{21}baat^{33}nin^{21}

③ 一六二五年 얏 록 이 옹 닌 — 1625년
yat^{55}lok^{22}i^{22}ng^{13}nin^{21}

응용②

오늘은 11월 27일이에요.

今日係十一月二十七號。 깜 얏 하이 쌉 얏 윗 이 쌉 찻 호우

gam^{55}yat^{22}hai^{22}sap^{22}yat^{55}üt^{22}i^{22}sap^{22}chat^{55}hou^{22}

① 八月三十一號 빳~ 윗 쌈~ 쌉 얏 호우 — 8월 31일
baat^{33}üt^{22}saam^{55}sap^{22}yat^{55}hou^{22}

② 四月十五號 쎄이 윗 쌉 옹 호우 — 4월 15일
sei^{33}üt^{22}sap^{22}ng^{13}hou^{22}

③ 六月九號 록 윗 까우 호우 — 6월 9일
lok^{22}üt^{22}gau^{35}hou^{22}

응용③

오늘은 일요일이에요.

今日係禮拜日。 깜 얏 하이 라이 빠~이 얏

gam^{55}yat^{22}hai^{22}lai^{13}baai^{33}yat^{22}

① 禮拜一 라이 빠~이 얏 — 뭘요일
lai^{13}baai^{33}yat^{55}

② 禮拜四 라이 빠~이 쎄이 — 목요일
lai^{13}baai^{33}sei^{33}

③ 禮拜六 라이 빠~이 록 — 토요일
lai^{13}baai^{33}lok^{22}

알고 싶은 HONGKONG

홍콩 건물의 층수

홍콩은 건물의 층수를 세는 방법이 우리와는 달라서 1층이 우리나라의 2층에 해당해요.
그렇다면 지상에 마주 붙은 우리나라 식의 1층은 뭐라고 할까요?

유럽과 마찬가지로 Ground floor라고 해요~ 그래서 1층은 Ground floor(地下),
2층은 1st floor(一樓), 3층은 2nd floor(二樓)라고 해요.
표기 역시 1층은 G/F, 2층은 1/F, 3층은 2/F로 표기한답니다.

맞아요~~홍콩의 엘리베이터는 1, 2, 3, 4, 5, 6이 아닌 G, 1, 2, 3, 4, 5의 순서로 되어 있기 때문에 몇 층을 눌러야 할지 고민할 필요가 없답니다.
하지만 에스컬레이터를 타고 가거나 2층같이 층이 낮아 걸어 올라가는 경우 헷갈릴 수 있으니 층수를 잘못 찾아가는 일이 없도록 주의하도록 해요~

홍콩의 엘리베이터 버튼

년(年)

작년 · 올해 · 내년

舊年 까우 닌　작년
gau^{22}nin^{21}

今年 깜 닌　올해
gam^{55}nin^{21}

出年 촛 닌　내년
chöt^{55}nin^{21}

어제 · 오늘 · 내일

琴日 캄 얏　어제
kam^{21} yat^{22}

今日 깜 얏　오늘
gam^{55} yat^{22}

聽日 텡 얏　내일
teng^{55} yat^{22}

요일(星期)

星期一 쎙 케이 얏　　월요일
seng^{55}kei^{21}yat^{55}

星期二 쎙 케이 이　　화요일
seng^{55}kei^{21}i^{22}

星期三 쎙 케이 쌈~　　수요일
seng^{55}kei^{21}saam^{55}

星期四 쎙 케이 쎄이　　목요일
seng^{55}kei^{21}sei^{33}

星期五 쎙 케이 웅　　금요일
seng^{55}kei^{21}ng^{13}

星期六 쎙 케이 록　　토요일
seng^{55}kei^{21}lok^{22}

星期日 쎙 케이 얏　　일요일
seng^{55}kei^{21}yat^{22}

요일(禮拜)

禮拜一 라이 빠~이 얏　　월요일
lai^{13}baai^{33}yat^{55}

禮拜二 라이 빠~이 이　　화요일
lai^{13}baai^{33}i^{22}

禮拜三 라이 빠~이 쌈~　　수요일
lai^{13}baai^{33}saam^{55}

禮拜四 라이 빠~이 쎄이　　목요일
lai^{13}baai^{33}sei^{33}

禮拜五 라이 빠~이 웅　　금요일
lai^{13}baai^{33}ng^{13}

禮拜六 라이 빠~이 록　　토요일
lai^{13}baai^{33}lok^{22}

禮拜日 라이 빠~이 얏　　일요일
lai^{13}baai^{33}yat^{22}

★ ★ ★ ★ ★

Part 2

PART 2 에서도 열심히 광동어 회화를 배워봐요~

본문 8 ~본문 13

파이팅!!
加油呀!
gaa55yau35aa33
까~ 야우 아~

8 전화번호가 몇 번이에요?

UNIT 1 你嘅電話係幾多號呀?

nei^{13}gɛ^{33}din^{22}waa^{35}hai^{22}gei^{35}dɔ^{55}hou^{22}aa^{33}

전화번호가 몇 번이에요?

你嘅電話係幾多號呀? 네이 께 띤 와~ 하이 께이 또 호우 아~

nei^{13}gɛ^{33}din^{22}waa^{35}hai^{22}gei^{35}dɔ^{55}hou^{22}aa^{33}

제 전화번호는 852-2739-0851입니다.

我嘅電話係 852-2739-0851。

(응)오 께 띤 와~ 하이 빳~ 응 이 이 찻 쌈~ 까우 렝 빳~ 응 얏

ngɔ^{13}gɛ^{33}din^{22}waa^{35}hai^{22}baat^{33}ng^{13}i^{22}i^{22}chat^{55}saam^{55}gau^{35}leng^{21}baat^{33}ng^{13}yat^{55}

새로운 단어

★ **電話** 띤 와~ din^{22}waa^{35}	전화
★ **號** 호우 hou^{22}	번호
★ **幾多號** 께이 또 호우 gei^{35}dɔ^{55}hou^{22}	몇 번

전화번호가 몇 번이에요?

전화번호를 묻고 대답할 때 사용하는 표현이다.
전화번호를 말할 때는 연도를 말할 때와 마찬가지로, 숫자를 하나하나씩 말하면 된다.

참고로 홍콩의 국가번호는 852이다.

지하철역 출구 표지판

8

UNIT 2

喂, 唔該, 陳先生喺唔喺度呀?

wai^{35}, m^{21}gɔi^{55}, Chan^{21}sin^{55}saang^{55}hai^{35}m^{21}hai^{35}dou^{22}aa^{33}

여보세요, 찬(陳) 선생님 계세요?

喂，唔該，陳先生喺唔喺度呀? 와이, 음 꼬이, 찬 씬 쌍~ 하이 음 하이 또우 아~

wai^{35}, m^{21}gɔi^{55}, Chan^{21}sin^{55}saang^{55}hai^{35}m^{21}hai^{35}dou^{22}aa^{33}

네, 계세요, 잠깐만 기다려 주세요.

喺度，唔該等等! 하이 또우, 음 꼬이 땅 땅

hai^{35}dou^{22}, m^{21}gɔi^{55}dang^{35}dang^{35}

새로운 단어

- **喂** 와이 wai^{35} — 여보세요
- **陳** 찬 Chan^{21} — 성(姓)
- **陳先生** 찬 씬 쌍~ Chan^{21}sin^{55}saang^{55} — 찬(陳)선생님, Mr. 찬(陳)
- **喺唔喺度?** 하이 음 하이 또우 hai^{35}m^{21}hai^{35}dou^{22} — 계십니까?
- **喺度** 하이 또우 hai^{35}dou^{22} — 여기에 있다, 계십니다
- **等** 땅 dang^{35} — 기다리다
- **等等** 땅 땅 dang^{35}dang^{35} — 좀 기다리다, 잠시 기다리다
- **唔該等等** 음 꼬이 땅 땅 m^{21}gɔi^{55}dang^{35}dang^{35} — 잠깐만 기다려 주세요

여보세요, 찬(陳) 선생님 계세요?

전화를 걸어 ~계십니까?라고 물을 때는 **喺唔喺度?** hai^{35}m^{21}hai^{35}dou^{22} 하이 음 하이 또우 라고 하면 된다.

있다라고 대답할 때는 **喺度** hai^{35}dou^{22} 하이 또우,
없다라고 대답할 때는 **唔喺度** m^{21}hai^{35}dou^{22} 음 하이 또우 라고 하면 된다.

전화 표현에서 **~ 계십니까?**라고 묻는 표현과 잠깐만 기다려 달라는 표현은 모두 **唔該** m^{21}gɔi^{55} 음 꼬이 와 함께 말해야 한다.

잘 기억이 나지 않는다면 **Part 1** 1과 33P **표현Tip** 을 다시 한번 읽어보자.

길거리 잡지 판매대

8 UNIT 3 佢唔喺度，你係邊位呀？

köü^{13}m^{21}hai^{35}dou^{22}, nei^{13}hai^{22}bin^{55}wai^{35}aa^{33}

안 계시는데요, 누구신가요?

佢唔喺度，你係邊位呀？ 코위 음 하이 또우, 네이 하이 삔 와이 아~

köü^{13}m^{21}hai^{35}dou^{22}, nei^{13}hai^{22}bin^{55}wai^{35}aa^{33}

그의 동료입니다.

我係佢嘅同事。 (응)오 하이 코위 께 통 씨

ngɔ^{13}hai^{22}köü^{13}gɛ^{33}tong^{21}si^{22}

새로운 단어

★ **唔喺度** 음 하이 또우 m^{21}hai^{35}dou^{22} — 여기에 없다, 안 계십니다

★ **同事** 퉁 씨 tong^{21}si^{22} — 동료

안 계시는데요, 누구신가요?

전화를 걸어 온 사람에게 누구인지를 묻는 표현이다.

우리말 표현은 **누구**이지만,
광동어로 말할 때는 **邊個** bin[55]gɔ[33] 삔꼬 누구가 아닌 **邊位** bin[55]wai[35] 삔와이 어느 분이라고 해야 한다.

태풍이 지나간 후,
"앗~ 나무가 쓰러져 있어요~"

8

UNIT 4

喂，你係唔係林小姐呀?

wai^{35}, nei^{13}hai^{22}m^{21}hai^{22}Lam^{21}siu^{35}jɛ^{35}aa^{33}

여보세요, Miss 람(林) 이신가요?

喂，你係唔係林小姐呀? 와이, 네이 하이 음 하이 람 씨우 쪠 아~

wai^{35}, nei^{13}hai^{22}m^{21}hai^{22}Lam^{21}siu^{35}jɛ^{35}aa^{33}

네, 저예요.

我係呀。 (응)오 하이 아~

ngɔ^{13}hai^{22}aa^{33}

새로운 단어

★ **林** 람 Lam^{21}	성(姓)씨 중의 하나	★ **林小姐** 람 씨우 쪠 Lam^{21}siu^{35}jɛ^{35}	람(林) 양, Miss 람(林)
★ **小姐** 씨우 쪠 siu^{35}jɛ^{35}	아가씨, Miss	★ **我係** (응)오 하이 ngɔ^{13}hai^{22}	접니다

여보세요, Miss 람(林)이신가요?

상대방의 휴대폰으로 전화를 걸 때처럼 상대방이 직접 전화를 받은 경우에 사용할 수 있는 표현이다.

접니다라고 대답할 때는 **我係呀** ngɔ[13]hai[22]aa[33] (응)오 하이 아~라고 하면 된다.

홍콩 커피 전문점

8

UNIT 5

你打錯喇。

nei^{13}daa^{35}chɔ^{33}laa^{33}

전화 잘못 거셨어요.

你打錯喇。 네이 따~ 초 라~

nei^{13}daa^{35}chɔ^{33}laa^{33}

죄송합니다.

對唔住。 또위 음 쮜

döü^{33}m^{21}jü^{22}

새로운 단어

- **打** 따~ daa^{35} — 전화를 걸다
- **錯** 초 chɔ^{33} — 틀리다, 맞지 않다
- **打錯** 따~ 초 daa^{35}chɔ^{33} — 전화를 잘 못 걸다

전화 잘못 거셨어요.

전화를 하다보면 가끔 전화를 잘 못 걸때도 있고, 잘 못 걸려온 전화를 받을 때도 있다.

이럴 때는 당황스럽더라도 그냥 아무 말 없이 전화를 끊어버리지 말고, **對唔住** $\text{döü}^{33}\text{m}^{21}\text{jü}^{22}$ 또위 음 쮜 **죄송합니다** 또는 **你打錯喇** $\text{nei}^{13}\text{daa}^{35}\text{chɔ}^{33}\text{laa}^{33}$ 네이 따~ 초 라~ **전화 잘 못 거셨습니다**라고 해 보자.

어색한 상황이 훨씬 부드러워질 수 있다.

홍콩사람들이 즐겨먹는 마카로니 스프

피쉬볼

회화에 필요한 알짜 문법

1 전화번호를 물어볼 때

전화번호를 물어볼 때는, 몇을 뜻하는 幾多 gei^{35}dɔ^{55} 께이 또에 번호를 뜻하는 號 hou^{22} 호우를 결합하여 幾多號 gei^{35}dɔ^{55}hou^{22} 께이 또 호우라고 하면 된다.

A	+	嘅	+	電話	+	係	+	幾多號	?	A의 전화번호는 몇 번 입니까?
		~의		전화		~이다		몇 번		

예 **你嘅電話係幾多號呀?** (당신의) 전화번호는 몇 번입니까?

네이 께 띤 와~ 하이 께이 또 호우 아~

nei^{13}gɛ^{33}din^{22}waa^{35}hai^{22}gei^{35}dɔ^{55}hou^{22}aa^{33}

2 여기에 있다 喺度 hai^{35}dou^{22} 하이 또우

喺度 hai^{35}dou^{22} 하이 또우는 여기에 있다, 唔喺度 m^{21}hai^{35}dou^{22} 음 하이 또우는 여기에 없다, 喺唔喺度? hai^{35}m^{21}hai^{35}dou^{22} 하이 음 하이 또우는 여기에 있습니까?라는 뜻이다.

이 세 가지는 전화표현에서도 자주 사용되는 것으로 계십니다, 안 계십니다, 계십니까?의 뜻으로 사용된다.

		喺度	계십니다			계십니다
A	+	唔喺度	안 계십니다	···>	A는	안 계십니다
		喺唔喺度?	계십니까?			계십니까?

예 **陳先生喺度。** 찬 씬 쌍~ 하이 또우 — 찬(陳) 선생님 계십니다.
Chan^{21}sin^{55}saang^{55}hai^{35}dou^{22}

陳先生唔喺度。 찬 씬 쌍~ 음 하이 또우 — 찬(陳) 선생님 안 계십니다.
Chan^{21}sin^{55}saang^{55}m^{21}hai^{35}dou^{22}

陳先生喺唔喺度呀? 찬 씬 쌍~ 하이 음 하이 또우 아~ — 찬(陳) 선생님 계십니까?
Chan^{21}sin^{55}saang^{55}hai^{35}m^{21}hai^{35}dou^{22}aa^{33}

3 전화 잘못 걸다 打錯 daa^{35}chɔ^{33} 따~ 초

동사 뒤에 **틀리다, 맞지 않다**라는 뜻의 **錯** chɔ^{33} 초가 결합되면 **잘못 ~하다**라는 뜻이다. **打錯** daa^{35}chɔ^{33} 따~ 초는 **전화 잘못 걸다**라는 뜻이다.

A + 동사 (~하다) + 錯 (틀리다) — A가 잘 못 ~하다

예 **你打錯喇。** 네이 따~ 초 라~ — 전화 잘못 거셨어요.
nei^{13}daa^{35}chɔ^{33}laa^{33}

응용①

제 전화번호는 852-2739-0851 입니다.

我嘅電話係 852-2739-0851。

(응)오 께 띤 와~ 하이 빳~ 응 이 이 찻 쌈~ 까우 렝 빳~ 응 얏

ngɔ^{13}gɛ^{33}din^{22}waa^{35}hai^{22}baat^{33}ng^{13}i^{22}i^{22}chat^{55}saam^{55}gau^{35}leng^{21}baat^{33}ng^{13}yat^{55}

① 010-2345-6789 렝 얏 렝 이 쌈~ 쎄이 응 록 찻 빳~ 까우
leng^{21}yat^{55}leng^{21}i^{22}saam^{55}sei^{33}ng^{13}lok^{22}chat^{55}baat^{33}gau^{35}

② 070-8877-1688 렝 찻 렝 빳~ 빳~ 찻 찻 얏 록 빳~ 빳~
leng^{21}chat^{55}leng^{21}baat^{33}baat^{33}chat^{55}chat^{55}yat^{55}lok^{22}baat^{33}baat^{33}

③ 02-9073-1625 렝 이 까우 렝 찻 쌈~ 얏 록 이 응
leng^{21}i^{22}gau^{35}leng^{21}chat^{55}saam^{55}yat^{55}lok^{22}i^{22}ng^{13}

응용②

여보세요, 찬(陳) 선생님 계세요?

喂，唔該，陳先生喺唔喺度呀?

와이, 음 꼬이, 찬 씬 쌍~ 하이 음 하이 또우 아~

wai^{35}, m^{21}gɔi^{55},Chan^{21}sin^{55}saang^{55}hai^{35}m^{21}hai^{35}dou^{22}aa^{33}

① 吳先生 응 씬 쌍~ — 응(吳) 선생님
Ng^{21}sin^{55}saang^{55}

② 尹先生 완 씬 쌍~ — 완(尹) 선생님
Wan^{13}sin^{55}saang^{55}

③ 許先生 호위 씬 쌍~ — 호위(許) 선생님
Höü^{35}sin^{55}saang^{55}

응용③

저는 그의 동료입니다.

我係佢嘅同事。

(응)오 하이 코위 께 통 씨

ngɔ^{13}hai^{22}köü^{13}gɛ^{33}tong^{21}si^{22}

① 同學 통 혹 — 학우
tong^{21}hɔk^{22}

② 朋友 팡 야우 — 친구
pang^{21}yau^{13}

③ 老師 로우 씨 — 선생님
lou^{13}si^{55}

알고 싶은 HONGKONG 香港

옥토퍼스 카드(八達通)

이 옥토퍼스 카드는 일종의 교통카드로, 광동어로는 八達通 baat^{33}daat^{22}tong^{55} 빳~땃~통 이라고 한다.

옥토퍼스 카드는 교통카드에 직불카드의 역할까지 하고 있다.

八達通 빳~ 땃~ 통 baat^{33}daat^{22}tong^{55}
옥토퍼스 카드

그래서 MTR(지하철)과 버스, 트램(전차), AEL(공항고속열차), 페리(선박)와 같은 대중교통을 이용할 때 사용할 수 있을 뿐 아니라 편의점이나 슈퍼마켓, 패스트푸드점에서도 현금처럼 사용할 수 있다.

처음 구입할 때는 HK$150(150 홍콩 달러)를 내면 되는데, 이때의 50달러는 보증금이고 나머지 100달러는 실제로 사용할 수 있는 금액이다. 충전한 금액을 다 사용하고 나면 다시 충전할 수 있다.

남은 금액은 보증금(HK$50)과 함께 환불 받을 수 있는데, 홍콩 전역의 지하철역, 공항고속열차역, 그리고 홍콩 국제공항의 공항고속열차 매표소에서 환불 받을 수 있습니다. 하지만 카드 구입 후 3개월 이내에 반납하게 되면 별도의 수수료(HK$7)를 내야합니다.

또한 카드 유효기간은 마지막 충전일로부터 3년입니다.

기념으로 카드를 간직하고 싶다면 잔액이 많이 남지 않도록 하는 것이 좋아요~

9 지금 몇 시인가요?

UNIT 1 而家幾點鐘呀?

i^{21}gaa^{55}gei^{35}dim^{35}jong^{55}aa^{33}

지금 몇 시야?

 而家幾點鐘呀? 이 까~ 께이 띰 쫑 아~

i^{21}gaa^{55}gei^{35}dim^{35}jong^{55}aa^{33}

지금 2시야.

 而家兩點鐘。 이 까~ 랭 띰 쫑

i^{21}gaa^{55}lœng^{13}dim^{35}jong^{55}

새로운 단어

- 而家 이 까~ i^{21}gaa^{55} — 지금
- 點(鐘) 띰 쫑 dim^{35}(jong^{55}) — 시(時)
- 幾點(鐘) 께이 띰 쫑 gei^{35}dim^{35} (jong^{55}) — 몇 시?
- 兩 랭 lœng^{13} — 2, 둘
- 兩點鐘 랭 띰 쫑 lœng^{13}dim^{35}jong^{55} — 2시

지금 몇 시야?

시간을 물을 때는 **幾點鐘?** gei^{35}dim^{35}jong^{55} 께이 띰 쫑 이라고 하고, 시간을 말할 때는 1부터 12까지의 숫자 뒤에 **點鐘** dim^{35}jong^{55} 띰 쫑 을 붙여준다.

① 광동어나 표준중국어에서 2 는 二와 **兩** 두 가지로 사용된다. **일, 이, 삼**처럼 숫자를 셀 때나 순서를 나타낼 때는 二를 사용하고, 하나, 둘, 셋처럼 수량을 나타낼 때는 **兩**을 사용한다.

② 즉, **2번, 2월, 두 번째**는 二를 쓰고, **두 개, 두 권, 두 시**는 **兩**을 쓴다. 이처럼 2가 명사를 세는 단위(양사) 앞에 오게 되면 **兩**을 쓴다.
그렇기 때문에 2시는 **二點鐘**이 아니라 **兩點鐘** lœng^{13}dim^{35}jong^{55} 룅 띰 쫑이라고 해야 한다. 꼭 기억해 두자.

뽀우린 사원의 세계 최대 청동 좌불

9 UNIT 2 我八點半返工。

ngɔ^{13}baat^{33}dim^{35}bun^{33}faan^{55}gong^{55}

몇 시에 출근하세요?

你幾點返工呀? 네이 께이 띰 판~ 꽁 아~

nei^{13}gei^{35}dim^{35}faan^{55}gong^{55}aa^{33}

8시 반에 출근해요.

我八點半返工。 (응)오 빳~ 띰 뿐 판~ 꽁

ngɔ^{13}baat^{33}dim^{35}bun^{33}faan^{55}gong^{55}

새로운 단어

★ 八點 빳~ 띰 baat^{33}dim^{35}	8시	★ 八點半 빳~ 띰 뿐 baat^{33}dim^{35}bun^{33}	8시 반, 8시 30분
★ 半 뿐 bun^{33}	반, 30분	★ 返工 판~ 꽁 faan^{55}gong^{55}	출근하다

8시 반에 출근해요.

시간 표현 중에서 30분을 말할 때에는 半 bun^{33} 뿐이라고 한다.

지하철을 이용해 출퇴근하는 사람들

알아두면 좋아요!

발음 Tip

30분을 광동어에서는 半 bun^{33} 뿐이라고 하고, 표준중국어에서는 半 bàn 빤 이라고 한다. 발음만 다를 뿐 똑같이 半이라는 글자를 사용한다.

9

UNIT 3

而家九點四喇。

$i^{21}gaa^{55}gau^{35}dim^{35}sei^{33}laa^{33}$

지금 9시 20분이야.

 而家九點四喇。 이 까~ 까우 띰 쎄이 라~

$i^{21}gaa^{55}gau^{35}dim^{35}sei^{33}laa^{33}$

어머, 또 늦었네.

 哎吔，又遲到喇。 아이 야~, 야우 치 또우 라~

$ai^{55}yaa^{33}$, $yau^{22}chi^{21}dou^{33}laa^{33}$

새로운 단어

★ 九點 까우 띰 $gau^{35}dim^{35}$	9시
★ 四 쎄이 sei^{33}	20분(분침이 4를 가리킴)
★ 九點四 까우 띰 쎄이 $gau^{35}dim^{35}sei^{33}$	9시 20분
★ 哎吔 아이 야~ $ai^{55}yaa^{33}$	어머, 아이쿠, 맙소사
★ 又 야우 yau^{22}	또
★ 遲到 치 또우 $chi^{21}dou^{33}$	지각하다, 늦게 도착하다

지금 9시 20분이야.

광동어에서 분(分)을 말하는 방법은 조금 특별하다.
우리말이나 표준중국어에서 5분이나 10분은 5나 10의 숫자를 사용해서 정확하게 말하지만, 광동어에서는 5분은 一 yat^{55} 얏, 10분은 二 i^{22} 이라고 한다.

즉 1시 5분은 **一點一** $yat^{55}dim^{35}yat^{55}$ 얏띰얏, 4시 10분은 **四點二** $sei^{33}dim^{35}i^{22}$ 쎄이띰이 라고 한다.

① 이렇듯 5분을 一, 10분을 二라고 하는 이유는, 5분일 때는 시계 분침이 숫자 1을 가리키고 10분일 때는 숫자 2를 가리키기 때문이다.
마찬가지로 15분은 三(3) $saam^{55}$ 쌈~, 50분은 十(10) sap^{22} 쌉이라고 한다.

② 만약 시간을 더 정확하게 말하고 싶을 때는 **零五分** $leng^{21}ng^{13}fan^{55}$ 렝 응 판 5분이나 **十分** $sap^{22}fan^{55}$ 쌉 판 10분처럼 숫자를 그대로 읽어주면 된다.

홍콩의 명물 트램 (이층전차)

9

UNIT 4

我哋聽日六點見, 好唔好呀?

ngɔ^{13}dei^{22}teng^{55}yat^{22}lok^{22}dim^{35}gin^{33}, hou^{35}m^{21}hou^{35}aa^{33}

우리 내일 여섯 시에 만나는 거 어때?

我哋聽日六點見，好唔好呀? (응)오 떼이 텡 얏 록 떰 낀, 호우 음 호우 아~

ngɔ^{13}dei^{22}teng^{55}yat^{22}lok^{22}dim^{35}gin^{33}, hou^{35}m^{21}hou^{35}aa^{33}

좋아, 그럼 내일 보자.

好呀，聽日見。 호우 아~, 텡 얏 낀

hou^{35}aa^{33}, teng^{55}yat^{22}gin^{33}

새로운 단어

★ **我哋** (응)오 떼이 ngɔ^{13}dei^{22}	우리	★ **唔好** 음 호우 m^{21}hou^{35}	좋지 않다
★ **六點** 록 떰 lok^{22}dim^{35}	6시	★ **好唔好?** 호우 음 호우 hou^{35}m^{21}hou^{35}	좋습니까?
★ **好** 호우 hou^{35}	좋다		

우리 내일 여섯 시에 만나는 거 어때?

好唔好? hou³⁵m²¹hou³⁵ 호우 음 호우는 좋습니까?라는 뜻으로
좋다라는 뜻의 **好** hou³⁵ 호우와 좋지 않다라는 뜻의 **唔好** m²¹hou³⁵ 음 호우가 합해져 의문문을 만든 것이다.

상대방의 의향을 물어볼 때 자주 사용되는 표현이니 잘 익혀두도록 하자.

廣東道 Canton Road
홍콩의 명품 쇼핑거리 – 캔톤로드

9

UNIT 5

等十分鐘就得喇。

dang³⁵sap²²fan⁵⁵jong⁵⁵jau²²dak⁵⁵laa³³

우리 얼마나 오래 기다려야 돼?

我哋要等幾耐呀? (응)오 떼이 이우 땅 께이 노이 아~

ngɔ^{13}dei^{22}iu^{33}dang^{35}gei^{35}nɔi^{22}aa^{33}

10분만 기다리면 돼.

等十分鐘就得喇。 땅 쌉 판 쫑 짜우 딱 라~

dang^{35}sap^{22}fan^{55}jong^{55}jau^{22}dak^{55}laa^{33}

새로운 단어

- **分鐘** 판 쫑 fan^{55}jong^{55} — 분(minute) 시간의 양을 나타냄
- **十分鐘** 쌉 판 쫑 sap^{22}fan^{55}jong^{55} — 10분 동안
- **就** 짜우 jau^{22} — 그럼, 바로, 곧
- **得** 딱 dak^{55} — 좋다, 괜찮다
- **就得喇** 짜우 딱 라~ jau^{22}dak^{55}laa^{33} — 그렇게 하면 된다
- **要** 이우 iu^{33} — ~해야 한다
- **幾耐** 께이 노이 gei^{35}nɔi^{22} — 얼마나 오랫동안

10분만 기다리면 돼.

十分 sap^{22}fan^{55} 쌉 판과 **十分鐘** sap^{22}fan^{55}jong^{55} 쌉 판 쫑은 모두 시간을 나타내는 표현이지만 조금 다르게 사용된다.

十分 sap^{22}fan^{55} 쌉 판은 분침이 숫자 2를 가리키는 시간의 지점 즉 10분을 가리키는 것이고, **十分鐘** sap^{22}fan^{55}jong^{55} 쌉 판 쫑은 어떤 시각에서 어떤 시각까지의 시간의 양, 즉 10분 동안, 10분간을 말하는 것이다.

홍콩의 초고층 빌딩 밀집구역

회화에 필요한 알짜 문법

1 몇 시에 ~을 합니까?

몇 이라는 뜻의 **幾** gei^{35} 께이에 **시(時)**를 나타내는 **點** dim^{35} 띰이 결합되면 **몇 시? 幾點** gei^{35}dim^{35} 께이 띰이 된다. 여기에 동사가 합해지면 **몇 시에 ~을 합니까?**라는 뜻이 된다.

A + 幾點 + 동사 ? A는 몇 시에 ~을 합니까?
몇 시 ~하다

예 **你幾點返工呀?** 네이 께이 띰 판~ 꽁 아~ (너는) 몇 시에 출근하니?
nei^{13}gei^{35}dim^{35}faan^{55}gong^{55}aa^{33}

2 시(時)와 분(分)을 나타낼 때

시(時)를 나타낼 때는 **1~12(一~十二)** 까지의 숫자에 **點** dim^{35} 띰을 붙여서 말하면 되고(단, 2시는 **二點**이 아닌 **兩點** lœng^{13}dim^{35} 뢩 띰이라고 한다), **분(分)을 나타낼 때는** 5분 단위로 **1~11(一~十一)** 까지의 숫자를 붙여서 말하면 된다.

즉 **5분은 一** yat^{55} 얏, **10분은 二** i^{22} 이, **25분은 五** ng^{13} 응, **55분은 十一** sap^{22} yat^{55} 쌉 얏이라고 한다.
단, 30분은 **六**이 아닌 **半** bun^{33} 뿐이라고 해야 한다.

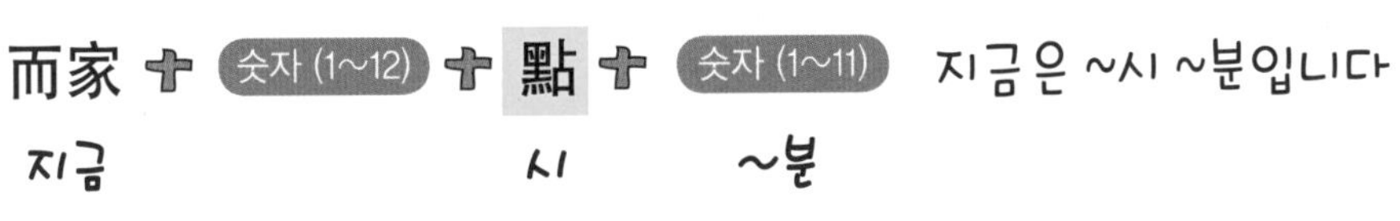

예 **而家九點四喇。** 이 까~ 까우 띰 쎄이 라~ 지금 9시 20분이야.
i^{21}gaa^{55}gau^{35}dim^{35}sei^{33}laa^{33}

3 얼마나 오랫동안?

幾耐 gei^{35}nɔi^{22}
께이 노이

~해야 한다라는 뜻의 **要** iu^{33} 이우에 동사가 결합되면 어떠한 동작을 해야 한다라는 뜻이 된다. **幾耐** gei^{35}nɔi^{22} 께이 노이는 얼마나 오랫동안?이라는 뜻이다.

A + 要 + 동사 + 幾耐 ? A는 얼마나 오랫동안 ~해야 합니까?
~해야 한다 ~하다 얼마나 오랫동안

예 **我哋要等幾耐呀?** (응)오 떼이 이우 땅 께이 노이 아~ 우리 얼마나 오랫동안 기다려야 돼?
ngɔ^{13}dei^{22}iu^{33}dang^{35}gei^{35}nɔi^{22}aa^{33}

응용 ①

지금 2시야.

而家兩點鐘。 이 까~ 뢩 띰 쫑
$i^{21}gaa^{55}lœng^{13}dim^{35}jong^{55}$

① 五點十一 응 띰 쌉 얏 — 5시 55분
$ng^{13}dim^{35}sap^{22}yat^{55}$

② 十二點七 쌉 이 띰 찻 — 12시 35분
$sap^{22}i^{22}dim^{35}chat^{55}$

③ 七點三十八分 찻 띰 쌈~ 쌉 빳~ 판 — 7시 38분
$chat^{55}dim^{35}saam^{55}sap^{22}baat^{33}fan^{55}$

응용 ②

몇 시에 출근하니?

你幾點返工呀? 네이 께이 띰 판~ 꽁 아~
$nei^{13}gei^{35}dim^{35}faan^{55}gong^{55}aa^{33}$

① 返學 판~ 혹 — 학교에 가니, 등교하니?
$faan^{55}hɔk^{22}$

② 上堂 쐥 통 — 수업하니?
$sœng^{13}tɔng^{21}$

③ 食飯 쎅 판~ — 밥 먹니?
$sek^{22}faan^{22}$

응용 ③

우리 얼마나
오래 기다려야 돼?

我哋要等幾耐呀? (응)오 떼이 이우 땅 께이 노이 아~
$ngɔ^{13}dei^{22}iu^{3}dang^{35}gei^{35}nɔi^{22}aa^{33}$

① 學 혹 — 배우다
$hɔk^{22}$

② 睇 타이 — 보다
tai^{35}

③ 講 꽁 — 말하다
$gɔng^{35}$

알고 싶은 HONGKONG

트램 (전차)

홍콩에 가면 한번 쯤 타보아야 하는 것이 바로 트램입니다. 한국에 없는 교통수단이라 이국적인 정취를 한껏 느낄 수 있어요~ 안내방송도 나오지 않고 느릿느릿 움직이니 그야말로 여유 있는 여행을 즐길 때 안성맞춤입니다.

레일 위를 느릿느릿 달리는 트램

1904년에 운행을 시작한 트램은 홍콩섬(香港島)에서만 탈 수 있답니다.

트램을 탈 때 뒷문 **트램에서 내릴 때** 앞문

트램을 탈 때는 뒷문으로, 내릴 때는 앞문으로 내립니다. 창밖의 경관을 즐기려면 2층으로 올라가 맨 앞좌석이나 맨 뒷좌석에 앉는 것이 좋습니다. 계단이 상당히 비좁으니 오르내릴 때 넘어지지 않도록 조심해야 합니다.

요금(HK$ 2.30)은 내릴 때 내면 되는데 현금이나 옥토퍼스카드를 이용하면 됩니다. 단, 현금은 잔돈을 거슬러주지 않으니 옥토퍼스 카드를 이용하는 것이 편리합니다.

날~태우고 가야지~

10 깎아주세요.

UNIT 1 你要買乜嘢呀?

nei[13]iu[33]maai[13]mat[55]yɛ[13]aa[33]

무엇을 사실건가요?

 你要買乜嘢呀? 네이 이우 마~이 맛 예 아~

nei[13]iu[33]maai[13]mat[55]yɛ[13]aa[33]

옷 한 벌을 사려고요.

 我要買一件衫。 (응)오 이우 마~이 얏 낀 쌈~

ngɔ[13]iu[33]maai[13]yat[55]gin[22]saam[55]

새로운 단어

★ 要 이우 iu[33]	원하다, ~하려고 하다	★ 一件 얏 낀 yat[55]gin[22]	한 벌
★ 買 마~이 maai[13]	사다	★ 衫 쌈~ saam[55]	옷
★ 件 낀 gin[22]	벌(옷을 세는 단위)		

무엇을 사실건가요?

상점에 들어가면 점원이 무엇을 살 것인지를 물어본다.
이때는 **我要買~** ngɔ13iu33maai13 (응)오 이우 마~이라고 대답하면 된다.
이는 ~을 사고 싶습니다라는 뜻이다.

옷을 세는 단위는 표준중국어와 마찬가지로 **件** 벌을 쓴다.(발음은 gin22 낀) 하지만 옷은 표준중국어의 **衣服** yīfú 이푸와는 달리 **衫** saam55 쌈~이라고 한다.

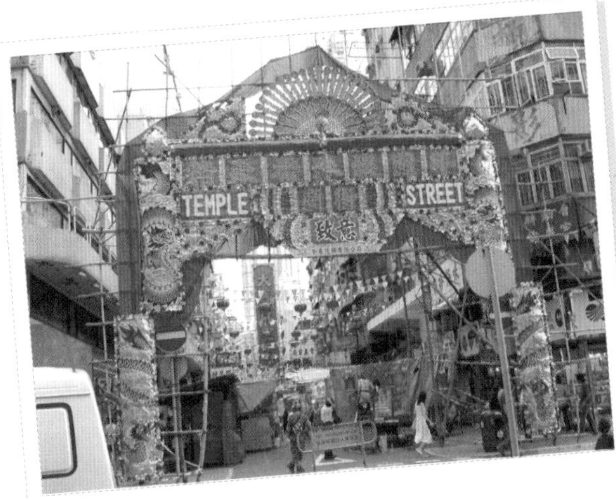

廟街 Temple Street
템플 스트리트 야시장

10

UNIT 2

幾多錢呀?

gei[35]dɔ[55]chin[35]aa[33]

이거 얼마예요?

呢個幾多錢呀? 니 꼬 께이 또 친 아~

ni[55]gɔ[33]gei[35]dɔ[55]chin[35]aa[33]

4백 달러(HK$400)입니다.

四百蚊。 쎄이 빡~ 만

sei[33]baak[33]man[55]

새로운 단어

★ 幾多錢? 께이 또 친	gei[35]dɔ[55]chin[35]	얼마입니까?
★ 呢個 니 꼬	ni[55]gɔ[33]	이것
★ 四百 쎄이 빡~	sei[33]baak[33]	400
★ 蚊 만	man[55]	달러(홍콩의 화폐 단위)
★ 四百蚊 쎄이 빡~ 만	sei[33]baak[33]man[55]	400달러(HK$400)

얼마예요?

마음에 드는 상품을 발견했거나 상품을 구입할 때는 가격을 물어보게 된다. 상당히 자주 사용되는 이 표현은 광동어에서 **幾多錢?** gei^{35}dɔ^{55}chin^{35} 께이 또 친이라고 한다.

우리나라의 화폐단위가 **원**인 것처럼 홍콩의 화폐단위는 **蚊** man^{55} 만(dollar)이다. 가격을 말할 때는 수치 뒤에 **蚊** man^{55} 만 을 붙여주면 되는데, 예를 들어 400달러는 **400蚊**이라고 하면 된다.

표기할 때는 HK$400이라고 쓴다.

화폐에 관한 자세한 내용은, 본 과의 맨 마지막 알고 싶은 HONGKONG 홍콩의 화폐 부분을 참고할 것

가격표에 쓰인 가격을 보고 아무 말 없이 돈만 내고 나오지 말고, **幾多錢呀?** gei^{35}dɔ^{55}chin^{35}aa^{33} 께이 또 친 아~ 얼마에요?라고 물어보자. 그리고 내가 예상했던 대로 발음을 하는지 꼭 들어보자.

알아두면 좋아요!

문화 Tip

홍콩의 동전

10달러짜리 동전은 아래쪽 사진에서 보는바와 같이 **크기가 달러 중에서 제일 작다.**

10달러

5달러

2달러

1달러

50센트

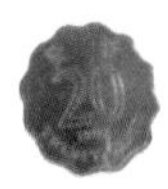
20센트

10센트

10

UNIT 3 點賣呀?

dim^{35}maai^{22}aa^{33}

포도 어떻게 팔아요?

提子點賣呀? 타이 찌 띰 마~이 아~

tai^{21}ji^{35}dim^{35}maai^{22}aa^{33}

1 파운드에 18달러 90센트입니다.

十八個九一磅。 쌉 빳~ 꼬 까우 얏 뽕

sap^{22}baat^{33}gɔ^{33}gau^{35}yat^{55}bɔng^{22}

새로운 단어

★ 點 띰 dim^{35}	어떻게
★ 賣 마~이 maai^{22}	팔다
★ 點賣? 띰 마~이 dim^{35}maai^{22}	어떻게 팝니까?
★ 提子 타이 찌 tai^{21}ji^{35}	포도
★ 十八 쌉 빳~ sap^{22}baat^{33}	18
★ 九 까우 gau^{35}	90센트
★ 十八個九 쌉 빳~ 꼬 까우 sap^{22}baat^{33}gɔ^{33}gau^{35}	18달러 90센트
★ 磅 뽕 bɔng^{22}	파운드 무게 단위
★ 一磅 얏 뽕 yat^{55}bɔng^{22}	1 파운드

어떻게 팔아요?

가격을 묻는 표현에 **幾多錢呀?** gei^{35}dɔ^{55}chin^{35}aa^{33} 께이 또 친 아~ 외에 **點賣呀?** dim^{35} maai^{22}aa^{33} 띰 마~이 아~도 있다.

點 dim^{35} 띰은 어떻게이고 **賣** maai^{22} 마~이는 팔다이므로 **點賣呀?** dim^{35}maai^{22}aa^{33} 띰 마~이 아~는 어떻게 팝니까?라는 뜻이 된다.

① **홍콩의 화폐** 중에는 **蚊** man^{55} 만(dollar)보다 더 작은 단위도 있다. 이 단위는 cent 센트에 해당하는 것으로, 홍콩에서는 **蚊** (dollar)단위 이하의 물건이 거의 없기 때문에 cent 센트 단독으로 쓰이는 경우는 드물다. 대신 대부분이 1 달러(一蚊)이상과 결합하여 사용되는데, cent 센트가 **蚊** man^{55} 만과 함께 쓰이면 **蚊** man^{55} 만이 **個** gɔ^{33} 꼬로 바뀌게 된다.
즉 앞의 대화 에서처럼 18달러 90센트는 **十八蚊九**가 아니라 **十八個九** sap^{22}baat^{33}gɔ^{33} gau^{35} 쌉 빳~ 꼬 까우로 바뀌게 된다.

② **cent** 센트에 해당하는 단위는 **個** gɔ^{33} 꼬 뒤에 1부터 9까지의 숫자를 붙여주면 되는데, 20센트는 **二** i^{22} 이, 60센트는 **六** lok^{22} 록을 붙여주면 된다.
예를 들어 3달러 20센트는 **三個二** saam^{55}gɔ^{33}i^{22} 쌈~ 꼬 이, 5달러 60센트는 **五個六** ng^{13}gɔ^{33} lok^{22} 응 꼬 록이라고 하면 된다.

한 가지 주의할 점은 50센트는 **五** ng^{13} 응이 아니라 **半** bun^{33} 뿐이라고 해야 한다.
예를 들어 7달러 50센트는 **七個五**이 아니라 **七個半** chat^{55}gɔ^{33}bun^{33} 찻 꼬 뿐이라고 해야 한다.

③ 그리고 한 가지 더 덧붙이자면 간혹 cent 센트가 단독으로 쓰이는 경우가 있는데, 잔돈을 거슬러 줄 때 사용된다. 이럴 때 cent 센트는 **毫(子)** hou^{21} (ji^{35}) 호우 (찌)라고 한다. 즉 10센트는 **一毫(子)** yat^{55}hou^{21}(ji^{35}) 얏 호우 (찌), 40센트는 **四毫(子)** sei^{33}hou^{21}(ji^{35}) 쎄이 호우(찌)라고 한다.

10

UNIT 4

太貴喇，平啲啦！

taai^{33}gwai^{33}laa^{33}, pɛng^{21}di^{55}laa^{55}

이 셔츠는 750 달러입니다.

呢件恤衫七百五十蚊。 니 낀 쏫 쌈~ 찻 빡~ 응 쌉 만

ni^{55}gin^{22}söt^{55}saam^{55}chat^{55}baak^{33}ng^{13}sap^{22}man^{55}

너무 비싸요, 깎아주세요!

太貴喇，平啲啦！ 타~이 꽈이 라~, 펭 띠 라~

taai^{33}gwai^{33}laa^{33}, pɛng^{21}di^{55}laa^{55}

새로운 단어

- ★ 太 타~이 taai^{33} — 아주, 너무
- ★ 貴 꽈이 gwai^{33} — 값이 비싸다
- ★ 平 펭 pɛng^{21} — 값이 싸다
- ★ 啲 띠 di^{55} — 조금
- ★ 啦 라~ laa^{55} — ~해라 문장 끝에 쓰여 명령이나 제안, 요구의 의미를 나타냄
- ★ 平啲啦！ 펭 띠 라~ pɛng^{21}di^{55}laa^{55} — 싸게 해 주세요, 깎아주세요
- ★ 恤衫 쏫 쌈~ söt^{55}saam^{55} — 셔츠

너무 비싸요, 깎아주세요!

가격이 너무 비싸다 싶으면 당연히 깎아야한다.
이럴 때는 **平啲啦!** pɛng[21] di[55] laa[55] 펭 띠 라~ 깎아주세요라고 하면 된다.

알뜰 구매를 위해서는 꼭 알아야 하는 표현이니 잘 익혀두도록 하자.
참고로...광동어를 사용하면 상인들과 친근하게 흥정할 수 있으니, 물건을 구입할 때는 표준 중국어를 사용하지 말고 꼭 광동어로 말해보자.

동물모양 케익

UNIT 5 嘩, 好靚呀!

waa^{33}, hou^{35}lɛng^{33}aa^{33}

어때? 예쁘니?

 點樣呀? 靚唔靚呀? 띰 옝 아~ 렝 음 렝 아~

dim^{35}yœng^{35}aa^{33}? lɛng^{33}m^{21}lɛng^{33}aa^{33}

와! 정말 예뻐!

 嘩！ 好靚呀！ 와~, 호우 렝 아~

waa^{33}, hou^{35}lɛng^{33}aa^{33}

새로운 단어

- 嘩 와~ waa^{33} — 와~, 와우~
- 點樣 띰 옝 dim^{35}yœng^{35} — 어떠하다
- 靚 렝 lɛng^{33} — 예쁘다
- 唔靚 음 렝 m^{21}lɛng^{33} — 예쁘지 않다
- 靚唔靚? 렝 음 렝 lɛng^{33}m^{21}lɛng^{33} — 예쁩니까?

와! 정말 예뻐!

옷을 사러 갔을 때는, 입어보고 나서 나한테 잘 어울리는지 같이 간 사람에게 꼭 물어보게 된다.

그럴 때 사용하는 표현이 **點樣呀?** dim[35]yœng[35]aa[33] 띰 옝 아~ 어때?또는 **靚唔靚呀?** lɛng[33]m[21]lɛng[33]aa[33] 렝 음 렝 아~ 예쁘니?이다.
예쁘면 **嘩, 好靚呀!** waa[33], hou[35]lɛng[33]aa[33] 와~, 호우 렝 아~라고 말해 주자.

세일중인 홍콩 쇼핑몰

회화에 필요한 알짜 문법

1 무엇을 ~하려고 합니까?

要 iu³³ 이우는 원하다, ~ 하려고 하다의 뜻이다. 이 要가 동사와 결합되면 어떠한 동작을 하려고 하다. 즉 ~을 하려고 하다가 된다. 乜嘢 mat⁵⁵yɛ¹³ 맛 예는 무엇이라는 의문사이므로 要 + 동사 + 乜嘢는 무엇을 ~하려고 합니까?라는 의문문이 된다.

A + 要 + 동사 + 乜嘢 ? A는 무엇을~하려고 합니까?
~하려고 하다 ~하다 무엇

예 你要買乜嘢呀? 네이 이우 마~이 맛 예 아~ (당신은) 무엇을 사실건가요?
nei¹³iu³³maai¹³mat⁵⁵yɛ¹³aa³³

2 가격을 말할 때

가격을 말할 때는 숫자 뒤에 蚊 man⁵⁵ 만 (dollar)을 붙여서 말하면 된다. 표기할 때는 HK$~라고 쓴다.

~ 달러 (HK$~)
달러

예 四百蚊。쎄이 빡~ 만 400 달러(HK$400)입니다.
sei³³baak³³man⁵⁵

3 달러를 표기하는 단위

달러(蚊)와 센트가 결합하는 경우에는 달러를 표기하는 **단위가 蚊 man⁵⁵ 만에서 個 gɔ³³ 꼬로 바뀐다.** 센트 단위의 숫자는 1~9까지의 숫자를 사용하는데 예를 들어 30센트는 三 saam⁵⁵ 쌈~, 70센트는 七 chat⁵⁵ 찻 이라고 하면 된다. 대신 50센트는 五이 아니라 半 bun³³ 뿐 이라고 해야 한다.

예 十八個九。쌉 빳~ 꼬 까우 18달러 90센트입니다.
sap²²baat³³gɔ³³gau³⁵

응용①

옷 한 벌을 사려고요.

我要買**一件衫**。 (응)오 이우 마~이 얏 낀 쌈~

ngɔ¹³iu³³maai¹³yat⁵⁵gin²²saam⁵⁵

① 一條褲 얏 티우 푸 yat⁵⁵tiu²¹fu³³	바지 한 벌
② 一本書 얏 뿐 쒸 yat⁵⁵bun³⁵sü⁵⁵	책 한 권
③ 一枝筆 얏 찌 빳 yat⁵⁵ji⁵⁵bat⁵⁵	펜 한 자루

응용②

400 달러입니다.

四百蚊。 쎄이 빡~ 만

sei³³baak³³man⁵⁵

① 七十八蚊 찻 쌉 빳~ 만 chat⁵⁵sap²²baat³³man⁵⁵	78달러
② 九百九十九蚊 까우 빡~ 까우 쌉 까우 만 gau³⁵baak³³gau³⁵sap²²gau³⁵man⁵⁵	999달러
③ 一千二百四十蚊 얏 친 이 빡~ 쎄이 쌉 만 yat⁵⁵chin⁵⁵i²²baak³³sei³³sap²²man⁵⁵	1,240달러

응용③

1 파운드에
18달러 90센트입니다.

十八個九一磅。 쌉 빳~ 꼬 까우 얏 뽕

sap²²baat³³gɔ³³gau³⁵yat⁵⁵bɔng²²

① 四個一 쎄이 꼬 얏 sei³³gɔ³³yat⁵⁵	4달러 10센트
② 兩個半 뢩 꼬 뿐 lœng¹³gɔ³³bun³³	2달러 50센트
③ 六個七 록 꼬 찻 lok²²gɔ³³chat⁵⁵	6달러 70센트

알고 싶은 HONGKONG 香港

홍콩의 화폐

HK$20의 각기 다른 도안의 지폐

홍콩의 통화 단위는 홍콩달러(HK$)입니다.
우리나라는 한국은행 한 곳에서만 화폐를 발행하지만, 홍콩은 우리와는 달리 홍콩상하이은행(HSBC), 스탠다드차타드은행(Standard Chartered Bank), 중국은행(Bank of China), 이 3개의 은행에서 각기 다른 도안의 화폐를 발행합니다.

대한민국	한국은행
홍콩	홍콩상하이은행(HSBC) 스탠다드차타드은행(Standard Chartered Bank) 중국은행(Bank of China)

지폐의 경우	HK$10 · 20 · 50 · 100 · 500 · 1000(달러)
동전의 경우	HK$1 · 2 · 5 · 10(달러)와 10 · 20 · 50¢(센트)

환율은 US$1=약 HK$7.80로 고정되어 있습니다.

HK$10 · 20 · 50 · 100 · 500 · 1000 지폐

11 침사추이는 어떻게 가나요?

UNIT 1 請問，尖沙咀點去呀?

chɛng^{35}man^{22}, Jim^{55}Saa^{55}Jöü^{35}dim^{35}höü^{33}aa^{33}

실례합니다. 찜싸쪼위(침사추이)는 어떻게 가나요?

 請問，尖沙咀點去呀? 쳉 만, 찜 싸~ 쪼위 띰 호위 아~

chɛng^{35}man^{22}, Jim^{55}Saa^{55}Jöü^{35}dim^{35}höü^{33}aa^{33}

앞쪽으로 가세요.

 向前行啦! 행 친 항~ 라~

hœng^{33}chin^{21}haang^{21}laa^{55}

새로운 단어

★ 請問 쳉 만 chɛng^{35}man^{22}	말씀 좀 묻겠습니다	★ 向 행 hœng^{33}	~을 향해서, ~으로
★ 尖沙咀 찜 싸~ 쪼위 Jim^{55}Saa^{55}Jöü^{35}	찜싸쪼위 (침사추이, Tsim Sha Tsui) **홍콩 지명**	★ 前 친 chin^{21}	앞
★ 去 호위 höü^{33}	가다	★ 行 항~ haang^{21}	걷다

실례합니다, 찜싸쪼위(침사추이)는 어떻게 가나요?

請問 chɛng^{35}man^{22} 쳉 만은 상대방에게 무엇인가를 물을 때 사용하는 표현으로 **말씀 좀 묻겠습니다**의 뜻이다.

길을 물어볼 때는 목적지만 말하지 말고, 그 앞에 꼭 **請問** chɛng^{35}man^{22} 쳉 만을 붙여서 말하도록 하자.

이스트침사추이 역/ 침사추이 역

11

UNIT 2

去邊度呀?

höü^{33}bin^{55}dou^{22}aa^{33}

어디로 가시나요?

去邊度呀? 호위 삔 또우 아~

höü^{33}bin^{55}dou^{22}aa^{33}

쫑완(센트럴)으로 가 주세요.

唔該，去中環。 음 꼬이, 호위 쫑 완~

m^{21}gɔi^{55}, höü^{33}Jong^{55}Waan^{21}

새로운 단어

- **邊度** 삔 또우 bin^{55}dou^{22} — 어디
- **中環** 쫑 완~ Jong^{55}Waan^{21} — 쫑완(센트럴, Central) **홍콩 지명**

어디로 가시나요?

택시를 타면 보통 기사분이 손님에게 목적지를 물어본다.

이때의 어디로 가시나요?에 해당하는 표현이 **去邊度?** hŏü[33]bin[55]dou[22] 호위 삔 또우이다. 이렇게 물으면 목적지를 말하면 되는데, 이 때 **唔該** m[21]gɔi[55] 음 꼬이도 함께 말하는 것을 잊지 말자.

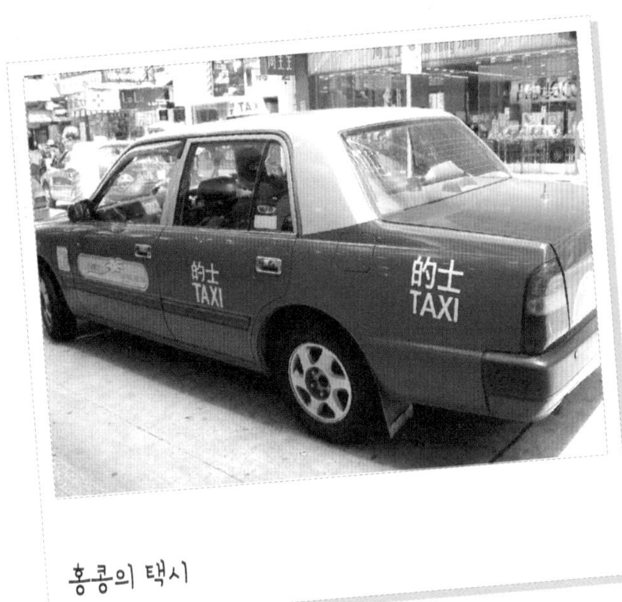

홍콩의 택시

UNIT 3

你搭乜嘢車呀?

nei[13]daap[33]mat[55]yɛ[13]chɛ[55]aa[33]

무슨 차를 타고 가실건가요?

 你搭乜嘢車呀? 네이 땁~ 맛 예 체 아~

nei[13]daap[33]mat[55]yɛ[13]chɛ[55]aa[33]

택시를 타고 갈 거예요.

 我搭的士。 (응)오 땁~ 떽 씨

ngɔ[13]daap[33]dek[55]si[35]

새로운 단어

- 搭 땁~ daap[33] — 차, 배, 비행기 등을 타다
- 車 체 chɛ[55] — 차
- 的士 떽 씨 dek[55]si[35] — 택시

무슨 차를 타고 가실건가요?

자동차나 비행기와 같은 교통수단에 타는 것을 **搭** daap33 땁~ 이라고 한다.

택시는 광동어로 **的士** dek55 si35 떽 씨 라고 하는데, 이는 영어의 taxi를 음역한 것이다.

문화 Tip

홍콩의 택시

표준중국어의 的士 díshì 띠쓰는 광동어의 的士 dek55 si35 떽 씨 를 **표준중국어 발음**으로 읽은 것으로, 서양문물이 광동 지역으로 전파 된 다음 표준중국어 지역으로 흘러 들어갔음을 알 수 있다.

1 **홍콩의 택시**는 빨간색, 초록색, 하늘색 세 가지로 나뉜다.

구룡반도와 홍콩섬을 운행하는 택시는 빨간색, 신계지를 운행하는 택시는 초록색, 홍콩국제공항을 포함하여 란타우 섬을 운행하는 택시는 하늘색이다.

홍콩섬과 구룡반도를 오갈때는 해저 터널 통행료를 지불해야하는데, 그것도 왕복요금을 내야하므로 택시를 탈 때 주의하도록 하자.

또한 트렁크를 이용할 때는 추가요금을 내야하는데, 짐 1개가 추가될 때마다 요금 역시 추가되므로 짐이 많은 경우, 1개는 택시 뒷좌석에 가지고 타는 것이 좋다.

2 그리고 하나 더, **택시 승차 시**에는 앞좌석과 뒷좌석 모두 안전벨트를 착용해야하니 이 점도 잊지 말고 기억하도록 하자.

11

UNIT 4

地鐵站喺邊度呀?

dei²² tit³³ jaam²² hai³⁵ bin⁵⁵ dou²² aa³³

지하철역은 어디에 있나요?

地鐵站喺邊度呀? 떼이 팃 짬~ 하이 삔 또우 아~

dei²² tit³³ jaam²² hai³⁵ bin⁵⁵ dou²² aa³³

우체국 맞은편에 있어요.

喺郵局對面。 하이 야우 꼭 또위 민

hai³⁵ yau²¹ gok³⁵ döü³³ min²²

새로운 단어

★ **地鐵** 떼이 팃 dei²² tit³³	지하철	★ **郵局** 야우 꼭 yau²¹ gok³⁵	우체국
★ **地鐵站** 떼이 팃 짬~ dei²² tit³³ jaam²²	지하철역	★ **對面** 또위 민 döü³³ min²²	맞은편, 건너편
★ **喺** 하이 hai³⁵	~에 있다		

지하철역은 어디에 있나요?

제5과에서의 喺 hai^{35} 하이는 ~에서부터 또는 ~에서의 뜻으로 쓰였다. 하지만 앞의 대화에서의 喺 hai^{35} 하이는 ~에 있다라는 뜻으로 쓰였다.
이렇게 喺 hai^{35} 하이는 상황에 따라 여러 가지 다른 뜻으로 쓰이고 있다.

한 가지 뜻만 익히지 말고 여러 가지 뜻을 함께 익히도록 하자.

홍콩의 거리 표지판

11

UNIT 5

樓上有洗手間。

lau^{21}sœng^{22}yau^{13}sai^{35}sau^{35}gaan^{55}

어디에 화장실이 있나요?

邊度有洗手間呀? 삔 또우 야우 싸이 싸우 깐~ 아~

bin^{55}dou^{22}yau^{13}sai^{35}sau^{35}gaan^{55}aa^{33}

위층에 화장실이 있어요.

樓上有洗手間。 라우 쐥 야우 싸이 싸우 깐~

lau^{21}sœng^{22}yau^{13}sai^{35}sau^{35}gaan^{55}

새로운 단어

- 樓上 라우 쐥 위층
  lau^{21}sœng^{22}
- 洗手間 싸이 싸우 깐~ 화장실
  sai^{35}sau^{35}gaan^{55}

위층에 화장실이 있어요.

위치나 장소를 물을 때는 **앞의 unit 4**에서처럼 **喺** hai^{35} 하이를 사용해 **~喺邊度?** hai^{35}bin^{55}dou^{22} 하이 삔 또우 ~는 어디에 있습니까?라고 물어볼 수도 있지만,

有 yau^{13}를 사용해서 **邊度有~?** bin^{55}dou^{22}yau^{13} 삔 또우 야우 어디에 ~이 있습니까?라고 물어볼 수도 있다.

낯선 곳에 가면 화장실을 평소보다 더 자주 찾게 되는 것 같다. 화장실 묻는 표현을 잘 익혀 여행이나 업무에 불편함이 없도록 하자.

홍콩의 화장실

회화에 필요한 알짜 문법

1 어떻게(어떠한 방법으로) ~합니까?

點 dim³⁵ 띰은 어떻게?, 어떠한 방법으로?라는 뜻이다. 여기에 동사가 결합되면 어떻게(어떠한 방법으로) ~합니까? 라는 의문문이 된다.

장소 + 點 (어떻게) + 去 (가다) ? ~는 어떻게 갑니까?

예 尖沙咀點去呀? 찜 싸~ 쪼위 띰 호위 아~ 찜싸쪼위(침사추이)는 어떻게 가나요?

Jim⁵⁵Saa⁵⁵Jöü³⁵dim³⁵höü³³aa³³

2 어디에 있습니까?

喺邊度 hai³⁵bin⁵⁵dou²² 하이 삔 또우

喺 hai³⁵ 하이는 ~에 있다 라는 뜻이다.(이밖에 ~에서부터, ~에서라는 뜻도 있다). 喺에 어디라는 뜻의 邊度 bin⁵⁵ dou²² 삔 또우가 결합되면 어디에 있습니까?라는 뜻이 된다.

장소 + 喺 (~에 있다) + 邊度 (어디) ? ~는 어디에 있습니까?

예 地鐵站喺邊度呀? 떼이 팃 짬~ 하이 삔 또우 아~ 지하철역은 어디에 있나요?

dei²²tit³³jaam²²hai³⁵bin⁵⁵dou²²aa³³

3 (~는) 어느 장소의 어느 방향에 있다

喺 hai^{35} 하이 ~에 있다 에 장소와 방향이 결합되면 (~는) 어느 장소의 어느 방향에 있다 라는 뜻이 된다.

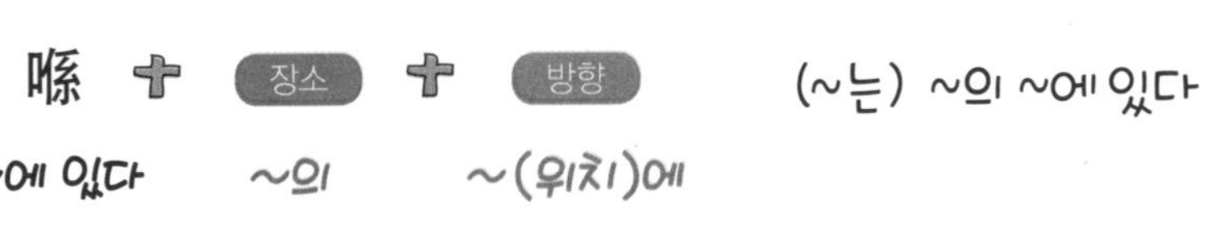

예 喺郵局對面。하이 야우 꼭 또위 민 우체국 맞은편에 있어요.

hai^{35}yau^{21}gok^{35}döü^{33}min^{22}

운전석은 우리와는 반대로 오른쪽에 있어요

응용①

실례합니다,
찜싸쪼위(침사추이)는
어떻게 가나요?

請問，尖沙咀點去呀？ 쳉 만, 찜 싸~ 쪼위 띰 호위 아~

chɛng^{35}man^{22}, Jim^{55}Saa^{55}Jöü^{35}dim^{35}höü^{33}aa^{33}

① 金鐘 깜 쫑 Gam^{55}Jong^{55}	깜쫑(애드미럴티)
② 旺角 웡 꼭 Wɔng^{22}Gɔk^{33}	웡꼭(몽콕)
③ 銅鑼灣 통 로 완~ Tong^{21}Lɔ^{21}Waan^{55}	통로완(코즈웨이베이)

응용②

지하철역은
어디 있나요?

地鐵站喺邊度呀？ 떼이 팃 짬~ 하이 삔 또우 아~

dei^{22}tit^{33}jaam^{22}hai^{35}bin^{55}dou^{22}aa^{33}

① 商場 쌩 챙 sœng^{55}chœng^{21}	쇼핑몰
② 公園 꽁 윈 gong^{55}ün^{35}	공원
③ 戲院 헤이 윈 hei^{33}ün^{35}	영화관

응용③

우체국
맞은편에 있어요.

喺郵局對面。 하이 야우 꼭 또위 민

hai^{35}yau^{21}gok^{35}döü^{33}min^{22}

① 左面 쪼 민 jɔ^{35}min^{22}	왼쪽
② 右面 야우 민 yau^{22}min^{22}	오른쪽
③ 附近 푸 깐 fu^{22}gan^{22}	근처

알고 싶은 HONGKONG

홍콩의 지하철 (MTR)

홍콩 시내에서 가장 빠르고 편리하게 이용할 수 있는 대중교통은 지하철입니다. 보통 MTR이라고도 하는데 이는 Mass Transit Railway의 약자입니다.

홍콩에는 현재 모두 9개의 노선이 운행 되고 있는데 (공항고속열차, 경전철 제외), 여행객들이 가장 많이 이용하는 역은 다음페이지의 **주요 홍콩 지명**에서 살펴볼 9개의 지역입니다.

오른쪽으로 가면 지하철역이 있습니다

주요 홍콩 지명

上環 썽완~, 中環 쭝완~, 金鐘 깜쭝, 灣仔 완~짜이, 銅鑼灣 통로완~, 尖沙咀 찜싸~쪼위, 佐敦 쪼뜬, 油麻地 야우마~떼이, 旺角 웡꼭

지하철을 탈때는 표를 구입하거나 옥토퍼스 카드를 이용하면 돼요.

홍콩 지하철의 에스컬레이터는 〈다다다닥~〉 소리를 내며 무척 빠른 속도로 움직입니다.
당황하지 말고 도착할 때까지 손잡이를 꼭 잡고 있어야 안전하답니다.

한 가지 더 알아두어야 할 사항은, 홍콩의 지하철역에는 화장실이 없다는 것입니다.
한국에서처럼 화장실을 찾으러 지하철역에 들어섰다가는 낭패를 볼 수 있답니다.
출발 전 숙소에서 해결하거나, 밖에 나왔다면 근처 대형 쇼핑몰로 얼른 들어가세요.

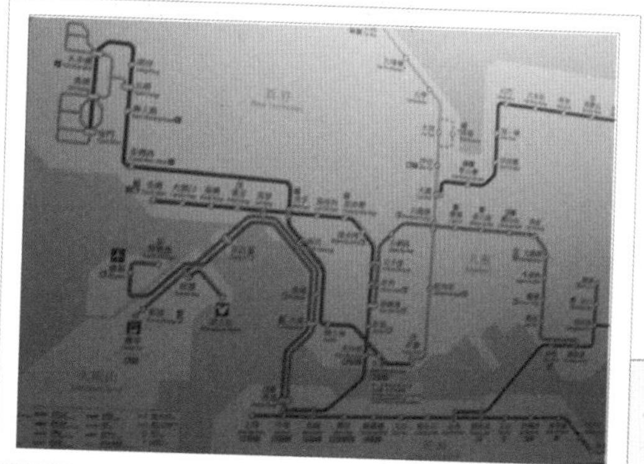
지하철(MTR) 노선도

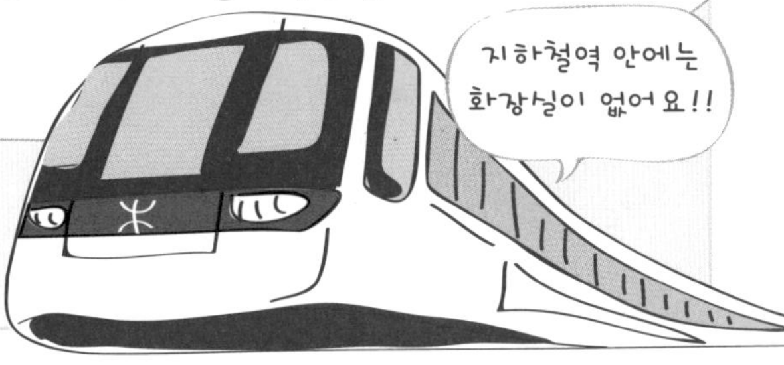

홍콩의 지하철 노선도와 MTR에 관한 자세한 사항은 http://www.mtr.com.hk 에서 확인할 수 있답니다.

★ **上環** 쎙완~ 　　셩완, Sheung Wan
Sœng²²Waan²¹

골동품으로 유명한 할리우드 로드와 만모우 사원, 약재 골목, 건어물 시장 등이 위치해 있어 서민적인 생활을 엿볼 수 있는 곳.

★ **中環** 쭝완~ 　　센트럴, Central
Jong⁵⁵Waan²¹

홍콩시청을 비롯하여 주요 금융 기관들이 들어서 있는 홍콩의 중심지.

★ **金鐘** 깜쫑 　　애드미럴티, Admiralty
Gam⁵⁵Jong⁵⁵

대형 쇼핑몰 퍼시픽 플레이스와 주 홍콩 대한민국 총영사관이 위치해 있는 곳.

★ **灣仔** 완~짜이 　　완차이, Wan Chai
Waan⁵⁵Jai³⁵

홍콩 컨벤션 & 엑시비션 센터, 골든 보히니아 광장, 센트럴 플자라가 위치해 있음.

★ **銅鑼灣** 통로완~ 　　코즈웨이베이, Causeway Bay
Tong²¹Lɔ²¹Waan⁵⁵

수많은 사람들이 잔뜩 거리를 메우고 있는 홍콩 제일의 번화가. 타임스 스퀘어와 소고 백화점이 이 곳에 위치함.

Track 71

★ 尖沙咀 찜싸~쪼위 침사추이, Tsim Sha Tsui
Jim[55]Saa[55]Jöü[35]

스타의 거리와 해변 산책로,
박물관과 구룡 공원 등 볼거리가 풍성한 지역.

★ 佐敦 쪼똔 조단, Jordan
Jɔ[35]Dön[55]

리클리메이션 거리 재래시장이 위치해 있음.

★ 油麻地 야우마~떼이 야마테이, Yau Ma Tei
Yau[21]Maa[21]Dei[35]

템플 스트리트 야시장과 옥시장이 위치한 홍콩의 전통 재래시장.

★ 旺角 웡꼭 몽콕, Mong Kok
Wɔng[22]Gɔk[33]

레이디스 마켓, 새 공원, 꽃 시장, 금붕어 시장 등이 위치한 대규모 재래시장.

12 뭘 드시고 싶으세요?

UNIT 1 幾多位呀?

gei^{35}dɔ^{55}wai^{35}aa^{33}

몇 분이세요?

 幾多位呀? 께이 또 와이 아~

gei^{35}dɔ^{55}wai^{35}aa^{33}

두 사람이에요.

 兩個人。 렝 꼬 얀

lœng^{13}gɔ^{33}yan^{21}

새로운 단어

- ★ **幾多位?** 께이 또 와이 　몇 분이십니까?
  gei^{35}dɔ^{55}wai^{35}
- ★ **兩個人** 렝 꼬 얀 　두 사람
  lœng^{13}gɔ^{33}yan^{21}

몇 분이세요?

음식점에 들어가면 종업원이 보통 몇 명이 함께 왔는지를 묻는다.
이때의 **몇 분이세요?**에 해당하는 표현이 **幾多位?** gei^{35}dɔ^{55}wai^{35} 께이 또 와이 이다.

대답할 때는 같이 간 사람 수대로 말하면 되는데,
~位 wai^{35} ~와이 라고 대답해도 되고, **~個人** gɔ^{33}yan^{21} ~꼬 얀이라고 대답해도 된다.

① 예를 들어, 세 사람이 갔으면 **三位** saam^{55}wai^{35} 쌈~ 와이라고 해도 되고 **三個人** saam^{55}gɔ^{33}yan^{21} 쌈~ 꼬 얀이라고 해도 된다.

② 하지만 두 사람은 **二位**나 **二個人**이 아닌 **兩位** lœng^{13}wai^{35} 뢩 와이 또는 **兩個人** lœng^{13}gɔ^{33}yan^{21} 뢩 꼬 얀이라고 해야 한다. 잊지 말고 꼭 기억해 두자.

홍콩의 유명한 완탄 누들 음식점-막스 누들
Mak's Noodle

12

UNIT 2

你想食乜嘢呀?

nei^{13}sœng^{35}sek^{22}mat^{55}yɛ^{13}aa^{33}

뭘 드시고 싶으세요?

你想食乜嘢呀? 네이 쐥 쎅 맛 예 아~

nei^{13}sœng^{35}sek^{22}mat^{55}yɛ^{13}aa^{33}

하까우와 씨우마이를 먹고 싶어요.

我想食蝦餃同燒賣。 (응)오 쐥 쎅 하~ 까~우 통 씨우 마~이

ngɔ^{13}sœng^{35}sek^{22}haa^{55}gaau^{35}tong^{21}siu^{55}maai^{35}

새로운 단어

★ 想 쐥 sœng^{35}	~하고 싶다
★ 食 쎅 sek^{22}	먹다
★ 蝦餃 하~ 까~우 haa^{55}gaau^{35}	하까우 딤섬의 일종
★ 燒賣 씨우 마~이 siu^{55}maai^{35}	씨우마이 딤섬의 일종

뭘 드시고 싶으세요?

음식을 시키기 전에는 보통 같이 간 일행에게 무엇을 먹을 것인지를 물어본다. 이때는 **你想食乜嘢?** nei[13]sœng[35]sek[22]mat[55]yɛ[13] 네이 쐥 쎅 맛 예라고 물어보면 된다.

이 표현은 식당에서 종업원이 손님에게 물어볼 때도 사용되는 것으로, 대답할 때는 **我想食~** ngɔ[13]sœng[35]sek[22] (응)오 쐥 쎅이라고 말한 후에 먹고 싶은 음식을 말하면 된다.

홍콩의 음식점 내부

12

UNIT 3

我肚餓。

ngɔ^{13}tou^{13}ngɔ^{22}

너 배고프니?

你肚唔肚餓呀? 네이 토우 음 토우 (응)오 아~

nei^{13}tou^{13}m^{21}tou^{13}ngɔ^{22}aa^{33}

나 배고파.

我肚餓。 (응)오 토우 (응)오

ngɔ^{13}tou^{13}ngɔ^{22}

나 배 안고파.

我唔肚餓。 (응)오 음 토우 (응)오

ngɔ^{13}m^{21}tou^{13}ngɔ^{22}.

새로운 단어

- **肚餓** 토우 (응)오 tou^{13}ngɔ^{22} — 배고프다
- **唔肚餓** 음 토우 (응)오 m^{21}tou^{13}ngɔ^{22} — 배고프지 않다
- **肚唔肚餓?** 토우 음 토우 (응)오 tou^{13}m^{21}tou^{13}ngɔ^{22} — 배고픕니까?

나 배고파.

肚餓 $\text{tou}^{13}\text{ngɔ}^{22}$ 토우(응)오는 **배고프다**라는 뜻이고, **唔肚餓** $\text{m}^{21}\text{tou}^{13}\text{ngɔ}^{22}$ 음 토우(응)오는 **배고프지 않다**라는 뜻이다.

이 두 단어가 합해진 **肚唔肚餓?** $\text{tou}^{13}\text{m}^{21}\text{tou}^{13}\text{ngɔ}^{22}$ 토우 음 토우(응)오는 **배고픕니까?**라는 뜻이다.
원래는 **肚餓唔肚餓?** $\text{tou}^{13}\text{ngɔ}^{22}\text{m}^{21}\text{tou}^{13}\text{ngɔ}^{22}$ 토우(응)오 음 토우(응)오라고 해야 하지만, 일반적으로 첫 번째 **餓** ngɔ^{22} (응)오를 생략하여 **肚唔肚餓?** $\text{tou}^{13}\text{m}^{21}\text{tou}^{13}\text{ngɔ}^{22}$ 토우 음 토우(응)오라고 한다.

알아두면 좋아요!

발음 Tip

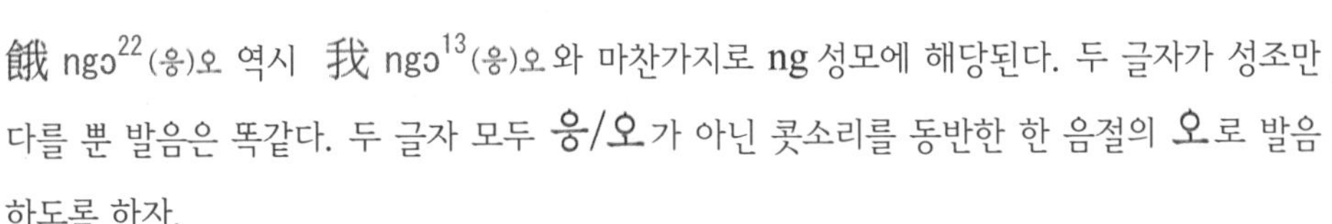

餓 ngɔ^{22} (응)오 역시 我 ngɔ^{13} (응)오와 마찬가지로 **ng** 성모에 해당된다. 두 글자가 성조만 다를 뿐 발음은 똑같다. 두 글자 모두 응/오가 아닌 콧소리를 동반한 한 음절의 오로 발음하도록 하자.

12

UNIT 4

好唔好食呀?

hou^{35}m^{21}hou^{35}sek^{22}aa^{33}

맛있니?

好唔好食呀? 호우 음 호우 쎅 아~

hou^{35}m^{21}hou^{35}sek^{22}aa^{33}

맛있어.

好食呀。 호우 쎅 아~

hou^{35}sek^{22}aa^{33}

맛없어.

唔好食呀。 음 호우 쎅 아~

m^{21}hou^{35}sek^{22}aa^{33}

새로운 단어

★ 好唔好食? 호우 음 호우 쎅 hou^{35}m^{21}hou^{35}sek^{22} — 맛있습니까?

★ 好食 호우 쎅 hou^{35}sek^{22} — 맛있다

★ 唔好食 음 호우 쎅 m^{21}hou^{35}sek^{22} — 맛없다

맛있니?

好食 hou^{35}sek^{22} 호우쎅은 **맛있다**라는 뜻이고, **唔好食** m^{21}hou^{35}sek^{22} 음호우쎅은 **맛없다**라는 뜻이다.

好唔好食? hou^{35}m^{21}hou^{35}sek^{22} 호우음호우쎅은 맛있습니까?라는 뜻으로,
맛있다의 **好食** hou^{35}sek^{22} 호우쎅과 맛없다의 **唔好食** m^{21}hou^{35}sek^{22} 음호우쎅이 합해져 만들어진 의문문이다.

이 역시 **好食唔好食?** hou^{35}sek^{22}m^{21}hou^{35}sek^{22} 호우쎅음호우쎅이라고 하지 않고 첫 번째 **食** sek^{22} 쎅을 생략하여 **好唔好食?** hou^{35}m^{21}hou^{35}sek^{22} 호우음호우쎅이라고 한다.

홍콩의 길거리 음식

12

UNIT 5

唔該，埋單！

m^{21}gɔi^{55}, maai^{21}daan^{55}

나 배불러.

我食飽喇。 (응)오 쎅 빠~우 라~

ngɔ^{13}sek^{22}baau^{35}laa^{33}

(종업원에게) 여기요, 계산해 주세요!

唔該，埋單！ 음 꼬이, 마~이 딴~

m^{21}gɔi^{55}, maai^{21}daan^{55}

새로운 단어

★ **埋單** 마~이 딴~ maai^{21}daan^{55} — 지불하다, 계산하다

★ **飽** 빠~우 baau^{35} — 배부르다

★ **食飽** 쎅 빠~우 sek^{22}baau^{35} — 배부르게 먹다

여기요, 계산해 주세요!

배부르게 먹었으면 이제는 계산을 해야 한다.
계산해 주세요라고 할 때는 **埋單** maai^{21}daan^{55} 마~이 딴~이라고 하면 된다.

그런데 여기서 한 가지! **唔該** m^{21}gɔi^{55} 음꼬이와 함께 말하는 것을 잊지 말자.

홍콩 음식 메뉴

회화에 필요한 알짜 문법

1 ~이 먹고 싶다

想食 sœng35sek22

쌩 쎅

~하고 싶다의 想 sœng35 쌩에 먹다의 食 sek22 쎅이 합해지면 ~이 먹고 싶다가 된다.

同 tong21 통은 ~와의 뜻으로 영어의 and에 해당한다.

A + 想 + 食 + B + 同 + C　A는 B와 C를 먹고 싶다

~하고 싶다 / 먹다 / ~와

예 我想食蝦餃同燒賣。(응)오 쌩 쎅 하~ 까~우 통 씨우 마~이

ngɔ13sœng35sek22haa55gaau35tong21siu55maai35

(저는) 하까우와 씨우마이를 먹고 싶어요.

2 배고픕니까?

肚唔肚餓

tou13m21tou13ngɔ22

토우 음 토우 (응)오

肚餓 tou13ngɔ22 토우 (응)오는 배고프다이고 唔肚餓 m21tou13ngɔ22 음 토우 (응)오는 배고프지 않다이다.

이 둘이 결합하면 배고픕니까?라는 의문문이 되는데, 肚餓唔肚餓?라고 하지 않고 앞의 肚餓 tou13ngɔ22 토우 (응)오에서 餓 ngɔ22 (응)오를 생략하여 肚唔肚餓? tou13m21tou13ngɔ22 토우 음 토우 (응)오라고 한다.

A + 肚(餓) + 唔肚餓　A는 배고픕니까?

배고프다 / 배고프지 않다

예 **你肚唔肚餓呀?** 네이 토우 음 토우 (응)오 아~ 너 배고프니?

nei13tou13m21tou13ngɔ22aa33

3 배부르게 먹다

食飽 sek22baau35

쎅 빠~우

食 sek22 쎅은 **먹다**라는 뜻이고 **飽** baau35 빠~우는 **배부르다**라는 뜻이다.

이 두 글자가 합해지면 **배부르게 먹다**가 된다. 한국어 어순처럼 **飽食(배부르게+먹다)**라고 하면 안 된다.

A + 食 + 飽	A가 배부르게 먹다
食: 먹다, 飽: 배부르다	

예 **我食飽喇。** (응)오 쎅 빠~우 라~ 나 배불러.

ngɔ13sek22baau35laa33

응용①

두 명이에요.

兩個人。 렝 꼬 얀

lœng13gɔ33yan21

①一個人 얏 꼬 얀 한 명이에요.
yat55gɔ33yan21

②四個人 쎄이 꼬 얀 네 명이에요.
sei33gɔ33yan21

③五個人 응 꼬 얀 다섯 명이에요.
ng13gɔ33yan21

응용②

하까우와 씨우마이를 먹고 싶어요.

我想食蝦餃同燒賣。 (응)오 쐥 쎅 하~ 까~우 통 씨우 마~이

ngɔ13sœng35sek22haa55gaau35tong21siu55maai35

①腸粉同牛肉球 쳉 판 통 (응)아우 욕 카우 쳉판과 (응)아우욕카우
chœng35fan35tong21 ngau21yok22kau21

②珍珠雞 짠 쮜 까이 짠쮜까이
jan55jü55gai55

③灌湯餃 꾼 통 까~우 꾼통까우
gun33tɔng55gaau35

응용③

나 배 안고파.

我唔肚餓。 (응)오 음 토우 (응)오

ngɔ13m21tou13ngɔ22

①唔忙 음 몽 안 바빠
m21mɔng21

②唔開心 음 호이 쌈 즐겁지 않아
m21hɔi55sam55

③唔舒服 음 쒸 폭 몸이 안 좋아
m21sü55fok22

알고 싶은 HONGKONG 香港

딤섬(點心)

홍콩을 대표하는 음식하면 제일 먼저 떠오르는 것이 바로 딤섬(點心)입니다. 딤섬은 새우, 게살, 오징어 등의 해산물과 돼지고기, 소고기, 닭고기 등의 육류, 그리고 버섯, 부추, 죽순 등의 여러 가지 채소가 사용됩니다.

이밖에 닭발 같은 재료도 사용되는데 딤섬에 사용되는 재료는 실로 다양하답니다.

다 먹고 싶어요~

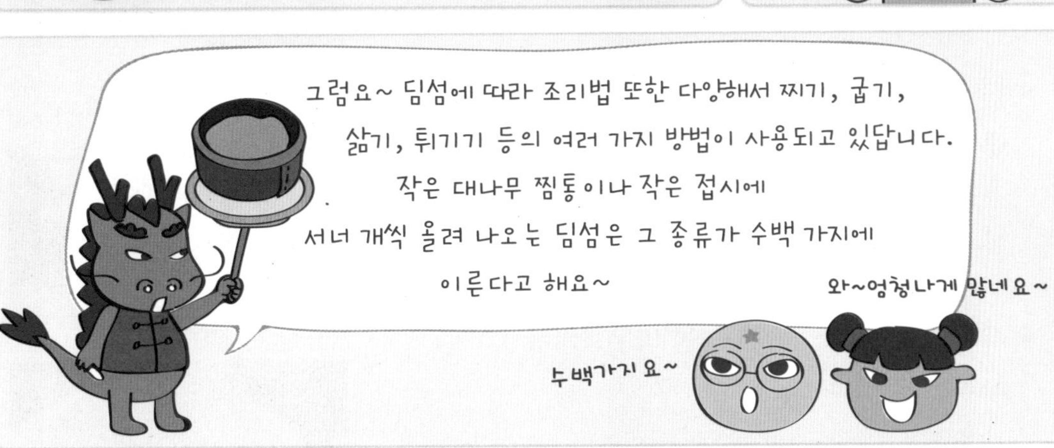

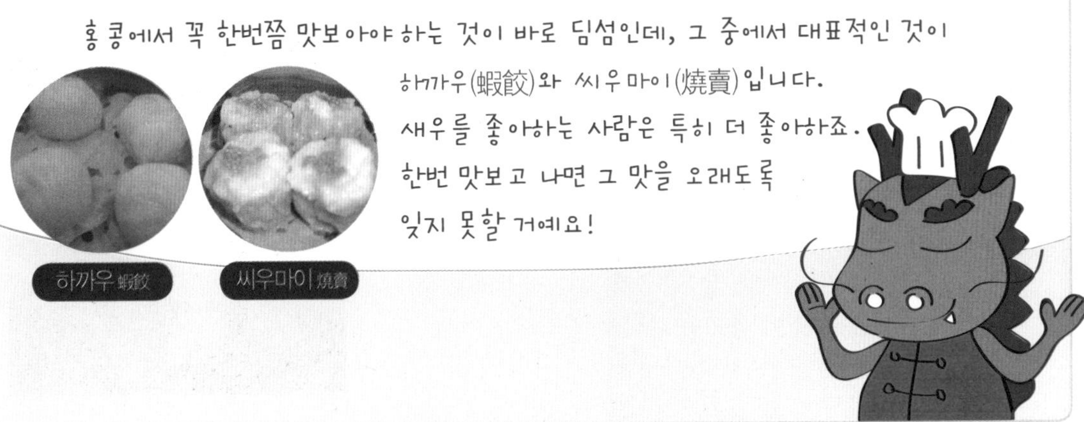

딤섬 點心

★ 蝦餃 하~ 까~우　하까우

haa^{55}gaau^{35}

딤섬 피 사이로 투명하게 비치는 싱싱한 새우가 입 안 가득 탱글탱글하게 씹힌다.
먹고 나면 하루가 행복해진다.

★ 燒賣 씨우 마~이　씨우마이

siu^{55}maai^{35}

납작한 원기둥 모양의 딤섬 피 안에 다진 돼지고기를 채우고, 트여 있는 윗부분에 새우를 얹은 다음 그 위에 게 알을 얹는다.

★ 腸粉 쳉 판　쳉판

chœng^{35}fan^{35}

쌀로 만든 쫀득쫀득한 피에 새우 혹은 고기, 생선 등을 넣고 기다랗게 쪄낸다. 간장을 뿌려 먹는다.

★ 牛肉球 (응)아우 욕 카우　(응)아우욕카우

ngau^{21}yok^{22}kau^{21}

다진 소고기를 공 모양으로 만든 일종의 소고기 완자 찜으로, 우스터소스(worcestershire sauce, 색깔이나 농도가 간장과 비슷한, 맛이 시고 짭짤한 소스)를 뿌려 먹는다.

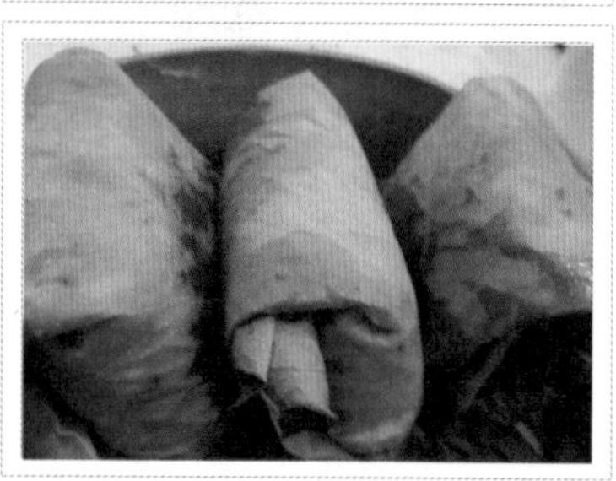

★ 珍珠雞 짠 쮜 까이　짠쮜까이

jan^{55}jü^{55}gai^{55}

찹쌀 안에 닭고기, 돼지고기, 말린 새우, 오리 알 등을 넣고 연잎으로 싸서 쪄낸 밥. 단오에 먹는 쫑즈(粽子)와 비슷한 느낌이 나지만, 쫑즈는 대나무 잎으로 싸는데 비해 짠쮜까이는 연잎으로 싼다.

★ **灌湯餃** 꾼 통 까~우　꾼통까우
gun³³tɔng⁵⁵gaau³⁵

그릇을 꽉 채운 주먹만한 크기의 만두가 탕 안에 들어있다. 이 대형 만두의 소는 새우, 게살, 버섯, 고기 등의 여러 가지 재료를 사용한다.
꾼통까우는 투명한 연붉은색의 식초(浙醋)를 함께 곁들여 먹는다.

홍콩 음식

★ 완탄 누들 **雲吞麵** 완 탄 민
wan²¹tan⁵⁵min²²

★ 간장볶음국수 **豉油王炒麵** 씨 야우 웡 차우 민
si²²yau²¹wɔng²¹chaau³⁵min²²

★ 망고푸딩 **芒果布甸** 몽 꿔 뽀우 띤
mɔng⁵⁵gwɔ³⁵bou³³din⁵⁵

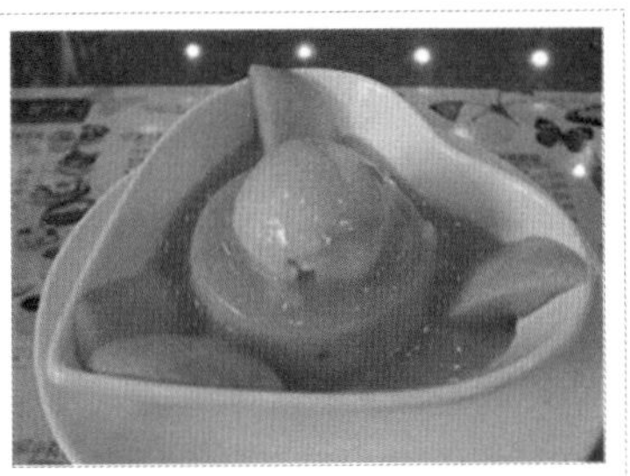

★ 고구마생강시럽 **老薑番薯糖水** 로우 꽹 판 쒸 통 쏘위
lou¹³gœng⁵⁵faan⁵⁵sü²¹tɔng²¹söü³⁵

13 부자 되세요!

UNIT 1 恭喜發財!

gong^{55} hei^{35} faat^{33} chɔi^{21}

부자 되세요!

 恭喜發財! 꽁 헤이 팟~ 초이

gong^{55}hei^{35}faat^{33}chɔi^{21}

부자 되세요!

 恭喜發財! 꽁 헤이 팟~ 초이

gong^{55}hei^{35}faat^{33}chɔi^{21}

새로운 단어

- **恭喜** 꽁 헤이 gong^{55}hei^{35} — 축하하다
- **發財** 팟~ 초이 faat^{33}chɔi^{21} — 돈을 벌다
- **恭喜發財** 꽁 헤이 팟~ 초이 gong^{55}hei^{35}faat^{33}chɔi^{21} — 돈 많이 버세요, 부자되세요

부자 되세요!

홍콩이나 광동지역 사람들이 가장 좋아하는 말이 바로 **恭喜發財!** gong^{55}hei^{35}faat^{33} chɔi^{21} 꽁 헤이 팟~ 초이 **부자되세요!** 이다.

새해에는 이보다 더 좋은 덕담이 없다고 하니, 새해에 홍콩 사람이나 광동사람을 만나게 되면 꼭 **恭喜發財!** gong^{55}hei^{35}faat^{33}chɔi^{21} 꽁 헤이 팟~ 초이라고 말해주자.

恭喜發財

부자 되세요

13 UNIT 2 新年快樂!

san^{55}nin^{21}faai^{33}lɔk^{22}

새해 복 많이 받으세요!

新年快樂! 싼 닌 파~이 록

san^{55}nin^{21}faai^{33}lɔk^{22}

새해 복 많이 받으세요!

新年快樂! 싼 닌 파~이 록

san^{55}nin^{21}faai^{33}lɔk^{22}

새로운 단어

- ★ 新年 싼 닌 san^{55}nin^{21} — 신년, 새해
- ★ 快樂 파~이 록 faai^{33}lɔk^{22} — 즐겁다, 유쾌하다
- ★ 新年快樂 싼 닌 파~이 록 san^{55}nin^{21}faai^{33}lɔk^{22} — 새해 복 많이 받으세요

새해 복 많이 받으세요!

새해인사 중에 **부자되세요**도 있지만, 새해 복 많이 받으세요도 있다. 이에 해당하는 표현이 **新年快樂!** san55nin21faai33lɔk22 싼닌파~이록이다.

홍콩 음식

13

UNIT 3

聖誕(節)快樂!

seng^{33}daan^{33}(jit^{33})faai^{33}lɔk^{22}

메리 크리스마스!

 聖誕節快樂! 쎙 딴~ 찟 파~이 록

seng^{33}daan^{33}jit^{33}faai^{33}lɔk^{22}

메리 크리스마스!

 聖誕快樂! 쎙 딴~ 파~이 록

seng^{33}daan^{33}faai^{33}lɔk^{22}

새로운 단어

★ 聖誕(節) 쎙 딴~ (찟) 크리스마스
seng^{33}daan^{33}(jit^{33})

★ 聖誕(節)快樂 쎙 딴~ (찟) 파~이 록 메리 크리스마스
seng^{33}daan^{33}(jit^{33})faai^{33}lɔk^{22}

메리 크리스마스!

성탄을 축하합니다, 즐거운 성탄절 되세요라는 뜻의 메리 크리스마스는 광동어로 뭐라고 할까?
聖誕(節)快樂 $seng^{33}daan^{33}(jit^{33})faai^{33}lɔk^{22}$ 쎙 딴~(찟) 파~이 록 이라고 한다.

聖誕(節) $seng^{33}daan^{33}(jit^{33})$ 쎙 딴~(찟)은 **크리스마스**이고 **快樂** $faai^{33}lɔk^{22}$ 파~이 록은 **즐겁다**이므로 광동어 역시 **즐거운 성탄절 되세요**가 된다.

문화 Tip

홍콩의 크리스마스

홍콩의 크리스마스는 상당히 화려하다.

크리스마스에 홍콩의 모든 호텔, 상점들은 크리스마스 트리를 장식하고 젊은이들은 서로 선물을 주고받으며 이날을 즐기지만 종교적 의미를 따로 부여하지는 않는다.

홍콩은 영국의 지배를 받았지만 홍콩 사람들 중에 기독교나 천주교를 믿는 사람은 많지 않고 그들 대부분은 불교나 도교를 믿는다.

聖誕(節)快樂 Merry Christmas
즐거운 성탄절 되세요

13 UNIT 4 (祝你)生日快樂!

(jok^{55}nei^{13}) saang^{55}yat^{22}faai^{33}lɔk^{22}

생일 축하합니다!

(祝你)生日快樂! (쪽 네이) 쌍~ 얏 파~이 록

(jok^{55}nei^{13})saang^{55}yat^{22}faai^{33}lɔk^{22}

감사합니다!

多謝! 또 쩨

dɔ^{55}jɛ^{22}

새로운 단어

- 祝 쪽 — 축원하다, 빌다
  jok^{55}
- (祝你)生日快樂 (쪽 네이) 쌍~ 얏 파~이 록 — 생일 축하합니다
  (jok^{55}nei^{13})saang^{55} yat^{22} faai^{33}lɔk^{22}

생일 축하합니다!

생일 축하합니다라는 표현은 **祝你生日快樂!** jok[55]nei[13]saang[55]yat[22]faai[33]lɔk[22] 쪽네이쌍~얏파~이록 또는 **生日快樂!** saang[55]yat[22]faai[33]lɔk[22] 쌍~얏파~이록이라고 한다.

생일 축하합니다 역시 **메리 크리스마스**와 마찬가지로 **快樂** faai[33]lɔk[22] 파~이록이라는 단어를 사용한다.

누군가가 이렇게 축하의 말을 건네 오면 당연히 감사하다고 해야 한다. **어떻게 말하면 될까? 제 1 과**에서 배운 표현을 떠올려보자. 짐작한대로 **多謝!** dɔ[55]jɛ[22] 또쩨 **감사합니다!**라고 하면 된다.

미니버스(좌)와 이층버스(우)

13

UNIT 5

恭喜你!
gong^55^hei^35^nei^13

축하합니다!

恭喜你! 꽁 헤이 네이

gong^55^hei^35^nei^13

감사합니다!

多謝! 또 쩨

dɔ^55^jɛ^22

새로운 단어

★ **恭喜你** 꽁 헤이 네이 　　축하합니다
gong^55^hei^35^nei^13

축하합니다!

결혼이나 승진, 합격 등의 기쁜 일에는 당연히 축하의 말을 전하게 된다. 이럴 때 사용할 수 있는 표현이 **恭喜你!** gong[55]hei[35]nei[13] 꽁헤이네이 **축하합니다!**이다.

반대로 상대방이 나한테 이렇게 축하해주면 꼭 **多謝!** dɔ[55]jɛ[22] 또 쩨 **감사합니다!** 라고 대답해야 한다. 잊지 말고 기억해 두자.

옹핑 케이블카

한번 불러보세요~

광동어로 생일축하노래는 어떻게 부를까요?
우리가 잘 알고 있는 생일축하노래, 즉 **생일 축하 합니다/생일 축하 합니다/사랑하는 ○○○/생일 축하 합니다**의 멜로디에 아래의 가사로 바꿔 부르기만 하면 된답니다.
광동어는 같은 소절이 네 번 반복되므로 외우기도 쉽죠! 그럼 한번 불러봅시다.

생일 축하 합니다	생일 축하 합니다
祝你生日快樂	祝你生日快樂
jok^{55}nei^{13}saang^{55}yat^{22}faai^{33}lɔk^{22}	jok^{55}nei^{13}saang^{55}yat^{22}faai^{33}lɔk^{22}
쪽 네이 쌍~ 얏 파~이 록	쪽 네이 쌍~ 얏 파~이 록

생일 축하 합니다	생일 축하 합니다!
祝你生日快樂	祝你生日快樂!
jok^{55}nei^{13}saang^{55}yat^{22}faai^{33}lɔk^{22}	jok^{55}nei^{13}saang^{55}yat^{22}faai^{33}lɔk^{22} !
쪽 네이 쌍~ 얏 파~이 록	쪽 네이 쌍~ 얏 파~이 록

앵그리버드 케익

알고 싶은 HONGKONG
홍콩의 국경일

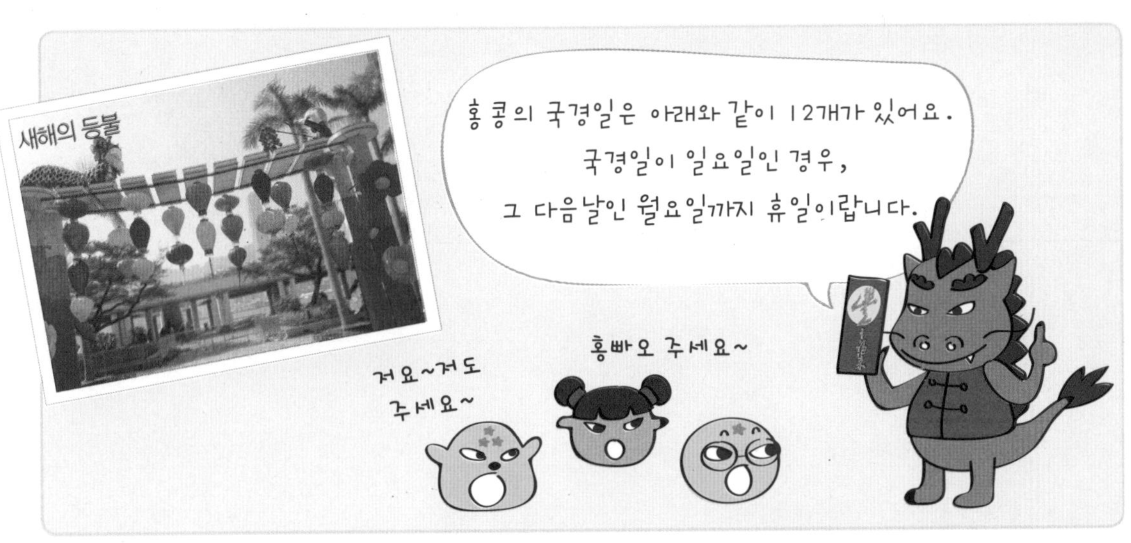

❶ 새해 첫날 **양력 1월 1일**

❷ 설날 **음력 1월 1일, 2일, 3일**

❸ 청명절 **양력 4월 5일 전후**
돌아가신 조상들을 추모하며 산소에 찾아가 성묘함.

❹ 부활절 **양력 3월 22일~ 4월 26일 사이**

❺ 근로자의 날 **양력 5월 1일**

❻ 석가탄신일 **음력 4월 8일**

홍콩특별행정구 수립 기념일인 7월 1일에는 매년 이곳에서 홍콩 반환 기념식이 열린다.

❼ 단오절 **음력 5월 5일**
대나무 잎으로 싸서 쪄낸 쫑즈(**粽子**)를 먹으며, 홍콩 각지에서는 드래곤 보트 축제가 열림.

❽ 홍콩특별행정구 수립 기념일 **양력 7월 1일** 영국의 식민지였던 홍콩이 중국으로 반환된 날.

❾ 중추절 **음력 8월 15일**

❿ 중화인민공화국 수립 기념일 (국경절) **양력 10월 1일**
중화인민공화국(중국)이 창립된 날. 원래는 중국 본토의 국경일이지만 홍콩이 중국에 반환된 이후에는 홍콩에서도 행사를 진행함.

⓫ 중양절 **음력 9월 9일** 양의 수(홀수) 중에서 가장 큰 수인 9가 두 번 겹치는 날. 청명절과 마찬가지로 성묘하러 감.

⓬ 크리스마스 **양력 12월 25일, 26일**

열공!

광동어 발음의 모든 것

Digis는 디지털 외국어 학습을 실현합니다.

광동어 발음의 모든 것

열공 광동어 발음의 모든 것 _ 목차

광동어의 기초

광동어의 발음

광동어의 기초

1 광동어

광동어는 중국 7대 방언方言중의 하나로, 홍콩과 마카오, 광동성廣東省과 광서성廣西省 대부분의 지역에서 사용되고 있다.

홍콩영화나 홍콩노래에서 흔히 들을 수 있는 광동어는 표준중국어와는 다른 여러 가지 특성을 지니고 있다. 예를 들어 9개의 성조를 지니고 있는 것이나 입성(ㄱ, ㅅ, ㅂ 받침)을 그대로 간직하고 있는 것 등이 이에 해당한다.

해외에 거주하는 화교들 대부분이 사용하고 있는 이 광동어는 영어로 Cantonese라고 하는데, 홍콩과 마카오, 광동성과 광서성을 비롯하여 해외 화교들까지 합해 전 세계적으로 모두 1억여 명이 사용하고 있다.
중국에서 광동어는 월방언粵方言, 월어粵語, 홍콩어香港話, 광주어廣州話, 광동어廣東話등의 여러 가지 명칭으로 불리고 있다.

2 광동어 표기 문자

홍콩이나 마카오에서는 한국에서 사용하고 있는 정자正字, 즉 번체자繁體字를 사용하고 있고, 중국 대륙에서는 필획이 간략화 된 간체자簡體字를 사용하고 있다. 본 교재에서는 홍콩과 마카오에서 사용하는 번체자를 사용하였다.

3 광동어 발음 표기법

광동어 발음을 표기하는 방법은 여러 가지가 있다.
홍콩어언학학회香港語言學學會에서 제정한 〈광동어 발음표기粵拼, Jyutping〉 및 중국광동성교육부가 제정한 〈광동어 발음표기방안 廣州話拼音方案〉, 예일 대학이 고안한 〈예일 로마자표기법 Yale Romanization〉등이 있는데, 아쉽게도 이들 표기법에는 한국인이 쉽게 읽어낼 수 없는 음들이 상당히 많다.

예를 들어 얏 yat이라는 발음을 〈광동어 발음표기〉에서는 jat으로 표기하고 있기 때문에 짯으로 읽을 가능성이 높으며, 아우 au로 발음되는 음을 〈광동어 발음표기방안〉에서는 eo로 표기하고 있어 에오로 발음해 버리기 쉽다.
또한 입을 크게 벌린 왜 œ 발음을 〈예일 로마자표기법〉에서는 eu로 표기하고 있기 때문에, 한국인 학습자들은 원래의 음과는 전혀 다른 에우로 읽어버릴 수 있다.

이와 같은 어려움을 해소하고자 본 교재에서는, 한국인 학습자들이 좀 더 원음에 가깝게 읽어낼 수 있도록 이와는 다른 표기법을 사용하였다.

광동어에는 발음해내기 까다로운 음들이 많이 있지만, 영어나 프랑스어, 독일어의 발음과 유사한 부분들이 있다는 것에 착안해 이들의 발음을 광동어와 접목시켜 새로운 발음체계를 고안해 보았다. 그 구체적인 내용은 다음과 같다.

광동어의 발음

학습자들이 혼자서 쉽게 배울 수 있도록 광동어 발음을 한글로도 표기하였다.
최대한 원음에 가깝게 표기하였으나 광동어에는 한글로 표기하기 힘든 음들이 많이 있으니, 되도록이면 한글 표기보다는 발음기호를 보면서 읽도록 하자.

1 성모 聲母 –19개

음절의 첫 부분에 오는 자음음절의 첫소리, 초성을 가리킨다. 광동어에는 모두 19개의 성모가 있다.

쌍순음 雙脣音	b	p	m	
순치음 脣齒音	f			
설첨음 舌尖音	d	t	n	l
설엽음 舌葉音	j	ch	s	
설근음 舌根音	g	k	ng	
후음 喉音	h			
원순설근음 圓脣舌根音	gw	kw		
반모음 半母音	y	w		

① 쌍순음 雙脣音

윗입술과 아랫입술을 붙였다 떼면서 내는 소리이다. 표준중국어의 쌍순음雙脣音과 발음방법이 유사하다.

b ㅃ

우리말의 [ㅃ]에 해당한다.

邊 삔 bin55	어느	八 빳~ baat33	8

p ㅍ

우리말의 [ㅍ]에 해당한다.

平 펭 pɛng21	(값이) 싸다	朴 폭 pɔk33	성(姓)씨 중의 하나

m ㅁ

우리말의 [ㅁ]에 해당한다.

冇 모우 mou13	없다	名 멩 mɛng35	이름

② 순치음 脣齒音

윗니를 아랫입술에 닿을 듯 말듯 가까이 대고, 그 틈 사이로 공기를 마찰시켜 발음한다. 표준중국어의 순치음脣齒音과 발음방법이 유사하다.

f f

영어의 [f]에 해당한다.

發 팟~ faat33	크게 왕성해지다	分 퐌 fan55	(시간의) 분

★ f 발음에 유의하자.

③ 설첨음 舌尖音

허끝을 위쪽 앞 잇몸에 붙였다 떼면서 내는 소리이다. 표준중국어의 설첨음舌尖音과 발음방법이 유사하다.

우리말의 [ㄸ] 에 해당한다.

多 또 dɔ^{55}	많다	點 띰 dim^{35}	어떠하다

t
ㅌ

우리말의 [ㅌ] 에 해당한다.

聽 텡 teng^{55}	듣다	呌 타우 tau^{35}	쉬다

n
ㄴ

우리말의 [ㄴ] 에 해당한다.

你 네이 nei^{13}	너, 당신	呢 니 ni^{55}	이, 이것

l
ㄹ

우리말 [ㄹ] 받침 뒤에 이어지는 초성 [ㄹ] 에 해당한다.
예를 들면 **빨래**에서 **래**의 **ㄹ**에 해당한다.

李 레이 lei^{13}	성(姓)씨 중의 하나	老 로우 lou^{13}	늙다

④ 설엽음 舌葉音

혀의 가장자리를 윗잇몸에 붙였다 떼면서 내는 소리이다.

우리말의 [ㅉ] 에 해당한다.

謝 쩨 jɛ^{22}	감사하다	早 쪼우 jou^{35}	이르다

우리말의 [ㅊ]에 해당한다.

次 치　번, 차례
chi^{33}

七 찻　7
chat^{55}

s
ㅆ

우리말의 [ㅆ]에 해당한다.

晨 싼　새벽, 아침
san^{21}

姓 쎙　성(姓)이 ~이다
seng^{33}

⑤ 설근음 舌根音

허뿌리를 입천장에 붙였다 떼거나 가까이 근접시켜 내는 소리이다.

우리말의 [ㄲ]에 해당한다.

幾 께이　꽤, 제법, 몇
gei^{35}

叫 끼우　~라고 부르다
giu^{33}

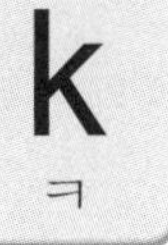

우리말의 [ㅋ]에 해당한다.

佢 코위　그, 그 사람
köü^{13}

期 케이　시기, 기간
kei^{21}

우리말에서 [ㅇ] 받침 뒤에 이어지는 초성 [ㅇ]에 해당한다
예를 들면 **앙앙**에서 두 번째 **앙**의 초성 ㅇ이 이에 해당한다.

我 (응)오　나
ngɔ^{13}

銀 (응)안　은, 은색
ngan^{21}

★ **ng**은 이에 해당하는 우리말 발음이 없어서 부득이하게 (응)을 덧붙여 표기하였다.
하지만 한글 표기 그대로 응을 붙여 발음하면 응/오나 응/안처럼 한 음절이 아닌 두 음절이 되어 버린다.
이렇게 발음하면 틀린 발음이 되므로 **ng**의 한글 표기 (응)은 응으로 발음하지 말고 콧소리를 내라는 기호 정도로만 인식하자. 콧소리를 내는 느낌으로 오, 안처럼 한 음절로 발음하면 된다.

⑥ 후음 喉音

성대를 긴장시킨 다음 성대의 좁은 틈을 통해 **공기를 내보내면서 발음**한다.

우리말의 [ㅎ]에 해당한다. 표준중국어의 h는 설근음이지만, 광동어의 h는 후음이다.

好 호우 매우. 좋다
hou^{35}

係 하이 ~이다
hai^{22}

⑦ 원순설근음 圓脣舌根音

설근음에 반모음 w가 결합된 형태이다. 모음과 결합하여 이중모음을 만든다.

우리말의 [꿩]에서 [꿔]를 발음할 때처럼 이중모음 형태로 발음한다.

貴 꽈이 귀하다
gwai^{33}

國 꿕 나라
gwɔk^{33}

★ 꾸아이, 꾸억으로 발음하지 않도록 주의한다.

우리말 [쾌유]에서 [쾌]를 발음할 때처럼 이중모음 형태로 발음한다.

裙 콴 치마
kwan^{21}

坤 콴 땅, 곤괘(팔괘 중 하나)
kwan^{55}

★ 쿠안으로 발음하지 않도록 주의한다.

⑧ 반모음 半母音

모음과 결합하여 이중모음을 만든다.

우리말 반모음 [ㅣ], 영어 yes의 [y]가 이에 해당한다.

日 얏 날, 일
yat[22]

嘢 예 일, 업무
yɛ[13]

★ 이앗, 이에로 발음하지 않도록 주의한다.

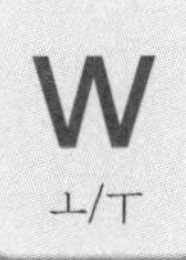

우리말 반모음 [ㅗ/ㅜ], 영어 want의 [w]가 이에 해당한다.

位 와이 분 (사람을 높여서 이르는 말)
wai[35]

王 웡 성(姓)씨 중의 하나
wɔng[21]

★ 우아이, 우엉 으로 발음하지 않도록 주의한다.

2 운모 韻母 –53개

음절에서 성모를 제외한 나머지 부분을 가리킨다. 광동어의 운모는 모두 53개이다.

		-i	-u	-m	-n	-ng	-p	-t	-k
a 계열		ai	au	am	an	ang	ap	at	ak
aa 계열	aa	aai	aau	aam	aan	aang	aap	aat	aak
e 계열		ei				eng			ek
ɛ 계열	ɛ					ɛng			ɛk
i 계열	i		iu	im	in		ip	it	
o 계열			ou			ong			ok
ɔ 계열	ɔ	ɔi			ɔn	ɔng		ɔt	ɔk
u 계열	u	ui			un			ut	
ü 계열	ü				ün			üt	
ö 계열			öü		ön			öt	
œ 계열	œ					œng			œk
m, ng	m	ng							

① a계열

입을 크게 벌리고 우리말의 **아** 처럼 발음한다. **aa계열**과 비교했을 때 상대적으로 짧게 들리지만, 표준중국어의 경성처럼 짧게 발음하지는 않는다. 편하게 **아** 하고 발음하면 된다.

운모	한자	발음	뜻
ai 아이	使 싸이	sai^{35}	~할 필요가 있다
au 아우	酒 짜우	jau^{35}	술
am 암	金 깜	gam^{55}	성(姓)씨 중의 하나
an 안	婚 판	fan^{55}	혼인
ang 앙	朋 팡	pang^{21}	친구
ap 압	十 쌉	sap^{22}	10
at 앗	乜 맛	mat^{55}	무엇
ak 악	得 딱	dak^{55}	좋다, 괜찮다

② aa계열

아를 길게 발음한다. 아~~하는 느낌으로 **a**계열의 운모보다 길게 발음한다.

운모	한자	발음	뜻
aa 아~	下 하~	haa^{22}	아래, 나중
aai 아~이	太 타~이	taai^{33}	아주, 너무
aau 아~우	餃 까~우	gaau^{35}	만두
aam 암~	男 남~	naam^{21}	남자
aan 안~	萬 만~	maan^{22}	10,000
aang 앙~	生 쌍~	saang^{55}	살아있다
aap 압~	搭 땁~	daap^{33}	(교통수단에) 타다
aat 앗~	發 팟~	faat^{33}	크게 왕성해지다
aak 악~	百 빡~	baak^{33}	100

③ e 계열

우리말의 에처럼 발음한다. ε계열의 운모보다 입이 작게 벌어진다.

운모	한자	발음	표기	뜻
ei 에이	氣	헤이	hei^{33}	기운
eng 엥	姓	쎙	$seng^{33}$	성(姓)이 ~이다
ek 엑	的	떽	dek^{55}	택시(的士)

④ ε 계열

영어 air에서 a[ε]에 해당하는 발음이다. e계열의 운모보다 발음할 때 입이 더 크게 벌어진다.

운모	한자	발음	표기	뜻
ε 에	嘅	께	$g\varepsilon^{33}$	~의
εng 엥	靚	렝	$l\varepsilon ng^{33}$	예쁘다
εk 엑	石	쎅	$s\varepsilon k^{22}$	돌

⑤ i 계열

입술을 길고 평평하게 펴서 우리말의 이처럼 발음한다. iu 이우의 발음은 표준중국어의 iu와 다르다. 표준중국어처럼 이어우로 발음하지 않도록 주의하자.

운모	한자	발음	표기	뜻
i 이	子	찌	ji^{35}	접미사로 많이 쓰임
iu 이우	小	씨우	siu^{35}	작다
im 임	店	띰	dim^{33}	상점
in 인	見	낀	gin^{33}	만나다
ip 입	葉	입	ip^{22}	성(姓)씨 중의 하나
it 잇	結	낏	git^{33}	맺다

⑥ o계열

우리말의 **오**처럼 길게 발음한다. ɔ계열의 운모보다 입이 작게 벌어진다.

운모	예
ou 오우	高 꼬우 / gou^{55} / 높다
ong 옹	同 통 / $tong^{21}$ / ~와
ok 옥	屋 옥 / ok^{55} / 집

⑦ ɔ계열

영어 sauce에서 au[ɔ]에 해당하는 발음이다. o계열의 운모보다 입을 더 크고 둥글게 벌려서 발음한다.

운모	예
ɔ 오	嗰 꼬 / $gɔ^{35}$ / 저, 저것
ɔi 오이	該 꼬이 / $gɔi^{55}$ / 마땅히 ~해야 한다
ɔn 온	韓 혼 / $hɔn^{21}$ / 성(姓)
ɔng 옹	港 꽁 / $gɔng^{35}$ / 항구
ɔt 옷	割 꼿 / $gɔt^{33}$ / 베다
ɔk 옥	學 혹 / $hɔk^{22}$ / 배우다

⑧ u계열

입술을 둥글게 앞으로 내밀어 우리말의 **우**처럼 발음한다. ui 우이와 un운의 발음은 표준중국어의 ui, un과 다르다. 표준중국어처럼 우에이, 우언으로 발음하지 않도록 주의하자.

운모	예
u 우	褲 푸 / fu^{33} / 바지
ui 우이	梅 무이 / mui^{21} / 성(姓)씨 중의 하나
un 운	本 뿐 / bun^{35} / 권 (책을 세는 단위)
ut 웃	活 웃 / ut^{22} / 활기차다

⑨ ü계열

독일어 üben 연습하다에서 ü[y]에 해당하는 발음이다. 입술을 둥글게 앞으로 내밀어 우리말의 위처럼 발음한다. 하지만 우리말의 위와는 달리 입술모양이 바뀌지 않는다. 발음 시작부터 끝날 때까지 원래의 둥근 모양을 유지해야 한다.

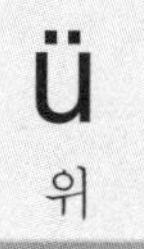

書 쒸
sü[55]
책

院 윈
ün[35]
공공 장소

月 윗
üt[22]
~월

⑩ ö계열

독일어 hören 듣다에서 ö[ø]의 발음과 유사하다. ö는 e를 발음하면서 혀의 위치는 고정시킨 채 입술모양을 동그랗게 해준다. œ계열의 운모보다는 입이 작게 벌어지며, 외의 입모양에 가깝다.

독일어의 ö는 우리말의 외에 가깝게 들리지만, 광동어의 ö는 독일어의 ö와는 조금 다르게 입모양은 ö[ø]를 유지하되 발음은 o에 가깝게 한다. 즉 입모양은 입술을 작고 동그랗게 모은 외 모양을 하고, 발음은 오로 한다. 이 역시 발음 시작부터 끝날 때까지 원래의 둥근 모양을 유지해야 한다.

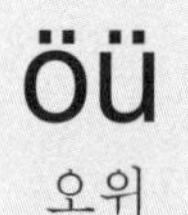

佢 코위
köü[13]
그, 그 사람

敦 똔
dön[55]
지명에 많이 쓰임

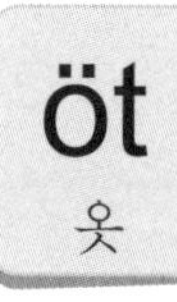

出 촛
chöt[55]
나가다

⑪ œ계열

프랑스어 sœur 누나, 언니, 여동생에서 œu[œ]에 해당하는 발음이다.
ɛ발음을 하면서, 혀의 위치는 고정시킨 채 입술 모양만 동그랗게 해주면 œ발음이 된다.
또는 ɔ의 입모양을 하고 (크게 벌린 오) 입술 모양을 그대로 유지한 채 왜발음을 하면 된다.
위의 ü나 ö와 마찬가지로 발음 시작부터 끝날 때까지 원래의 둥근 모양을 유지해야 한다.

靴 홰
$hœ^{55}$
장화

香 횅
$hœng^{55}$
향기롭다

脚 꽥
$gœk^{33}$
다리

⑫ m, ng

m과 ng은 성모로도 발음되지만 운모로도 발음된다. 운모로 발음될 때 m은 우리말의 음처럼, ng은 우리말의 응처럼 발음한다.
이 두 운모는 다른 성모와는 결합하지 않고 m과 ng 단독으로만 쓰인다.

唔 음
m^{21}
아니다

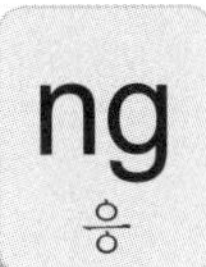

吳 응
ng^{21}
성(姓)씨 중의 하나

위에서 살펴본바와 같이, 광동어의 운모는 ɛ, ɔ, ü, œ 등의 상당히 다양한 모음으로 구성되어 있다. 모음은 혀의 움직임과 입술 모양에 따라 발음이 달라진다.
즉 혀끝이 앞쪽에 위치하는지 뒤쪽에 위치하는지, 혀끝이 위쪽에 위치하는지 아래쪽에 위치하는지, 입술모양이 평평한지 동그란지에 따라 각각 다르게 발음된다. 이해하기 쉽도록 각각의 발음을 도형으로 나타내면 다음과 같다.

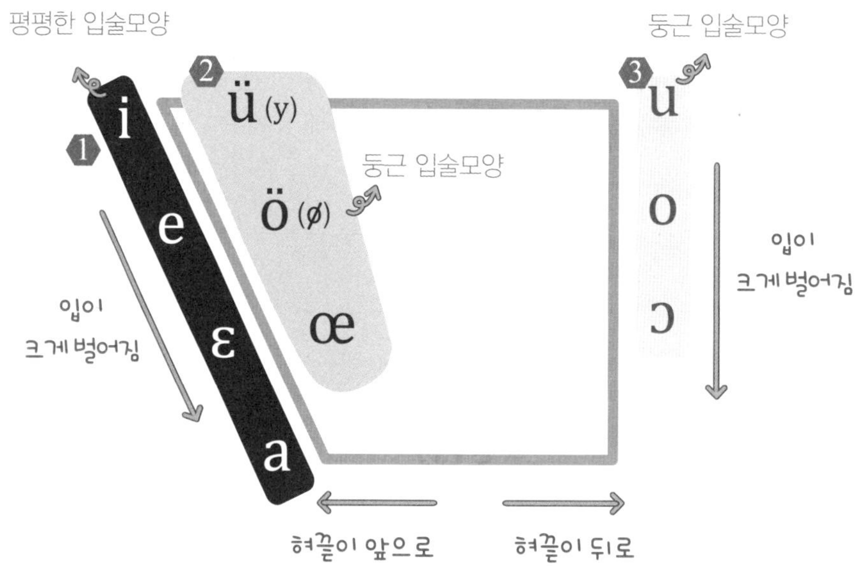

❶ 혀끝을 앞쪽으로 높게 올리고 동시에 입술을 평평하게 벌리면 i 이가 된다. 이 상태에서 입을 조금 더 크게 벌리면 e 에, 더 크게 벌리면 ε(크게 벌린 에), 이보다 더 크게 벌리면 a 아가 된다.

❷ 혀끝을 앞쪽으로 높게 올리고 동시에 입술을 동그랗게 오므리면 ü 위가 된다. 이 ü는 국제음성기호에서 [y]로 표기한다. ü보다 입을 조금 더 크게 벌리면 ö[ø] 외, ö보다 더 크게 벌리면 œ왜가 된다. 즉 i 이를 발음한 상태에서 입술을 동그랗게 모으면 ü 위가 되고, e 에에서 입술을 동그랗게 모으면 ö 외, ε(크게 벌린 에)에서 입술을 동그랗게 모으면 œ 왜가 된다.

❸ 혀끝을 뒤쪽으로 높게 올리고 동시에 입술을 동그랗게 오므리면 u 우가 된다.
이 상태에서 입을 조금 더 크게 벌리면 o 오, 더 크게 벌리면 ɔ(크게 벌린 오)가 된다.

이러한 발음의 원리를 이해하고 있으면 정확한 발음을 하는데 많은 도움이 된다.

3 성조 聲調 -9개

음의 높낮이를 가리킨다. 광동어에는 입성入聲[-p(ㅂ), -t(ㅅ), -k(ㄱ)로 끝나는 발음]을 포함하여 모두 **9개의 성조**가 있다. 9개 성조의 높낮이는 다음과 같다.

위에서 보는 바와 같이 9개 성조의 높낮이는 서로 다르다.
그런데 **제7성~제9성**의 성조를 살펴보면 **제7성은 제1성**과, **제8성은 제3성**, **제9성은 제6성**과 같다. 왜 그럴까? 제7성~제9성의 성조는 입성이기 때문이다.

광동어의 성조를 높낮이로만 분류하면 모두 6종류이지만, 입성까지 포함하게 되면 모두 9가지가 된다. 성조가 9개나 되다보니 상당히 복잡해 보인다. 하지만 자세히 살펴보면 크게 세 가지로 나눌 수 있다. 바로 수평조, 상승조, 하강조이다.

수평조는 처음부터 끝까지 음의 변동 없이 평탄하게 발음하고,
상승조는 아래에서 윗부분으로 끌어올리듯이 발음한다.
하강조는 표준중국어의 반3성처럼 낮은음에서 더 아래로 내려가듯이 발음한다.

수평조는 또 다시 3가지로 나뉘는데, 높은 음에서 처음부터 끝까지 음의 변동 없이 발음하는 **높은 수평조**, 중간 음에서 처음부터 끝까지 음의 변동 없이 발음하는 **중간 수평조**, 낮은 음에서 처음부터 끝까지 음의 변동 없이 발음하는 **낮은 수평조**로 나뉜다(제1성, 제3성, 제6성이 이에 해당한다).

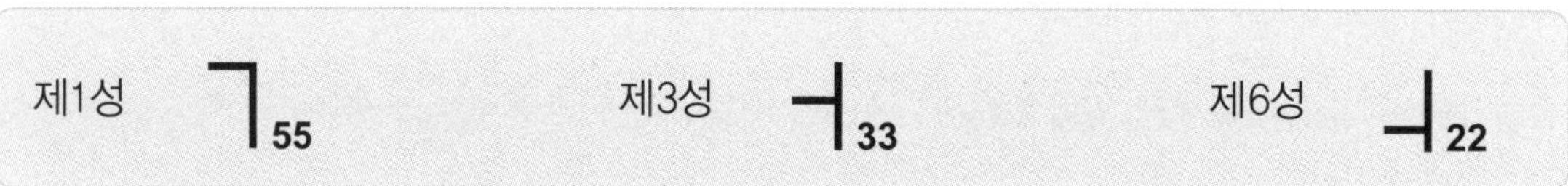

입성에 해당하는 제7성~제9성도 이 세 가지 수평조와 일치한다. 하지만 받침소리가 -p(ㅂ), -t(ㅅ), -k(ㄱ)로 끝나고 끝부분을 짧고 빠르게 발음하는 것이 수평조와 다르다.

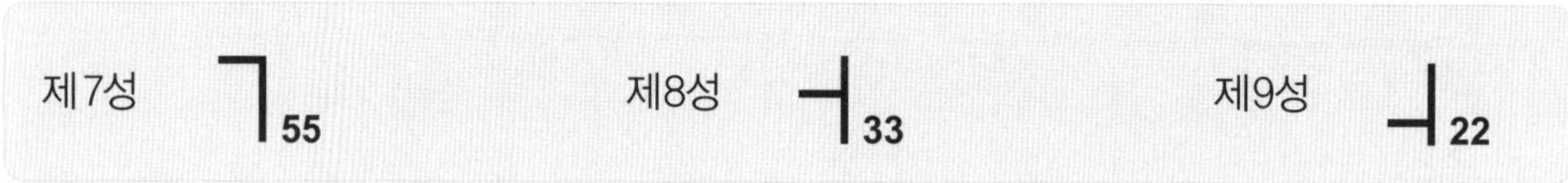

상승조는 2가지로 나뉘는데, 중간 음에서 높은 음으로 끌어올리듯이 발음하는 높은 상승조와 낮은 음에서 중간 음으로 끌어올리듯이 발음하는 낮은 상승조로 나뉜다.(제2성, 제5성이 이에 해당한다)

제2성 35　　제5성 13

하강조는 한가지뿐인데, 낮은음에서 더 아래로 내려가는 낮은 하강조가 이에 해당한다.(제4성이 하강조이다)

제4성 21

성조 표기는 높낮이를 쉽게 알아볼 수 있도록 발음기호 오른쪽 옆에 2개의 숫자를 동시에 써서 나타내었다. 이 숫자는 성조 높낮이의 변화를 나타내는 것으로, 앞의 숫자는 시작점의 높이를, 뒤의 숫자는 끝나는 점의 높이를 나타낸다.

(홍콩이나 중국에서 출판된 교재는 대부분 1-6까지의 숫자, 즉 한 자리 숫자로만 성조를 표기하고 있는데, 이러한 표기방법은 각각의 숫자에 해당하는 성조의 높낮이를 따로 암기해야 하는 불편함이 있기 때문에, 본 교재에서는 학습자들이 쉽게 익힐 수 있도록 성조의 시작점과 끝나는 점을 함께 표기해주었다) 음폭은 1에서부터 5까지이다.

성조		예			예	
제1성	˥ 55	詩 씨 si^{55}	시 詩	三 쌈~ $saam^{55}$	3
제2성	˧˥ 35	史 씨 si^{35}	역사	九 까우 gau^{35}	9
제3성	˧ 33	試 씨 si^{33}	시험삼아 해보다	四 쎄이 sei^{33}	4
제4성	˨˩ 21	時 씨 si^{21}	시간	零 렝 $leng^{21}$	0
제5성	˩˧ 13	市 씨 si^{13}	시장	五 응 ng^{13}	5
제6성	˨ 22	事 씨 si^{22}	일	二 이 i^{22}	2
제7성	˥ 55	識 쎅 sek^{55}	~를(사람) 알다	一 얏 yat^{55}	1
제8성	˧ 33	錫 쎅 sek^{33}	예뻐해 주다	八 빳~ $baat^{33}$	8
제9성	˨ 22	食 쎅 sek^{22}	먹다	六 록 lok^{22}	6

이책을 끝내며...

광동어와 인연을 맺은 후 상당히 오랜 시간이 흘렀습니다.
고등학생 시절 학력고사를 앞두고 장국영으로 인해 가슴 설레던 그 순간부터, **광동어**라는 언어를 체계적으로 접하던 석사과정, 그리고 광동어를 본격적으로 연구하고 학위논문을 완성시킨 박사과정과 얼마 전 출간한 **『장국영의 언어』**를 거쳐 **『열공 광동어 회화 첫걸음』**을 세상에 내놓게 된 지금 이 순간까지… 지금까지 살아온 인생의 반이 광동어와 함께 흘렀습니다.

광동어를 배우기 시작하면서 지금까지 느꼈던 안타까운 점은, 한국인이 쉽게 배울 수 있는 **광동어 회화 교재가 없다는 것**이었습니다.
홍콩이나 중국대륙에서 출판된 교재는 내용이 너무 많아 책을 펴는 순간 학습자들을 겁먹게 만들고, 발음표기법 또한 여러 가지인데다가 각각의 표기법이 실제의 발음과 동떨어져 있어 배울 엄두를 내지 못하게 했습니다. 게다가 설명이 중국어로 되어 있으니 중국어를 전혀 접해보지 못한 학습자들은 더욱 난감하게 느꼈겠지요.

이러한 불편함을 해소한, 한국인들이 쉽게 배울 수 있는 광동어 회화 교재가 필요하다는 것을 절실히 느끼고 교재 편찬을 항상 염두에 두고 있던 순간, 교재 집필에 불을 지피는 계기가 찾아왔습니다. **『장국영의 언어』** 이후 보내온 독자들의 메일과 지난 해 여름 고려대학교 중국학연구소에서 진행한 **〈여름방학 광동어 특강〉**이 바로 그것이었습니다. 그분들의 의욕과 열정이 교재집필에 대한 확신을 심어주었고 그 결과 이렇게 여러분을 찾아가게 되었습니다.

저처럼 학문적인 필요에 의해 광동어를 처음 시작하시는 분도 있겠고, 홍콩 영화가 좋아서, 광동어 노래를 불러보고 싶어서, 홍콩 친구를 사귀게 되어서, 또는 사업상의 목적에 의해 배우시는 분들도 있을 겁니다.
각기 다른 동기에서 출발했지만 목표는 똑 같은 하나일 것입니다. 바로 **〈광동어로 말해보고 싶다〉**이겠지요.

아직 사회적으로 주목받지 못하는 분야이지만, **자신이 좋아하는 것을 한다는 즐거움**과 **새로운 분야에 도전한다는 자신감**으로 **열심히 공부해 주시기 바랍니다.**

끝으로, 어려운 출판을 흔쾌히 수락해주신 디지스 출판사의 김인숙 실장님과 매번 광동어에 대해 더 큰 열정을 품게 해주시는 고려대학교 중국학연구소의 최규발 교수님께 감사드립니다.
또한 책이 나오기까지 여러 도움과 격려를 아끼지 않으신 많은 분들, 멋진 홍콩 풍경 사진을 제공해 준 성균관대 중문과 주진응 학생, 항상 씩씩하게 지낼 수 있도록 어릴 적부터 여동생이 아닌 남동생으로 대해준 우리 오빠, 그리고 특히 이 책이 나오기를 누구보다 간절히 바라신 부모님께 깊은 감사의 말씀을 전합니다.

조은정 趙恩挺